नेताजी सुभाष
चित्रमय जीवनी

नेताजी सुभाष
चित्रमय जीवनी

राजेंद्र पटोरिया

विद्या विहार, नई दिल्ली

प्रकाशक : **विद्या विहार**
19, संत विहार (पहली मंजिल) गली नं. 2, अंसारी रोड, नई दिल्ली–110002
सर्वाधिकार : सुरक्षित / संस्करण : 2025 / मूल्य : चार सौ रुपए
मुद्रक : नरुला प्रिंटर्स, दिल्ली ISBN 978-93-82898-83-2

NETAJI SUBHASH CHITRAMAYA JEEVANI
by Shri Rajendra Patoriya ₹ 400.00
Published by **VIDYA VIHAR**
19, Sant Vihar (First Floor), Street No.2, Ansari Road, New Delhi-2

किंचित् प्रास्ताविक

कालजयी व महानायक नेताजी सुभाषचंद्र बोस लगभग 50 वर्षों के अपने तूफानी कर्तृत्व से भारतीय इतिहास के गगन में ध्रुवतारे की तरह अटल रहेंगे। नेताजी सुभाष अप्रतिम, अद्वितीय थे, स्वतंत्रता संग्राम के किसी भी अन्य नेता से उनकी तुलना संभव नहीं है। कष्टों से परिपूर्ण तपस्वी साधक का जीवन, अदम्य साहस, समय की नब्ज को पहचानने की अद्‌भुत शक्ति, प्रखर बुद्धिमान, शीघ्र ही समस्त संस्कृतियों से समरस होकर लक्ष्य प्राप्त करने की विलक्षण क्षमता, कुशल सेनानायक के साथ सहृदयता से ओतप्रोत व्यक्तित्व उनके अनेक गुणों में से कुछ हैं।

सुभाष बाबू किशोरवय में आध्यात्मिकता की ओर उन्मुख थे। संन्यास के प्रबल आकर्षण, से उस वय में गुरु की खोज में घर से निकल पड़े। वे विवेकानंद, रामकृष्ण परमहंस, अरविंद घोष के विचारों से प्रभावित थे। देश की दुर्दशा ने उन्हें संन्यास के स्थान पर सेनापतित्व की ओर आकर्षित किया। आध्यात्मिक वृत्ति उनकी सदा ही रही।

नेताजी सुभाषबाबू क्रांतिकारी थे, उनका ध्येय था भारत की स्वतंत्रता। वे एक राजनेता, कूटनीतिज्ञ के साथ स्पष्टवक्ता थे। आजादी के लिए किसी भी कीमत पर समझौता नहीं करना चाहते थे। उनका एक ही लक्ष्य था—अंग्रेजों से भारत की मुक्ति। वे जानते थे कि बिना उग्र हुए अंग्रेज अपनी सत्ता नहीं छोड़ सकते। उनकी सपाटबयानी के कारण ही उन्हें त्रिपुरी कांग्रेस के अध्यक्ष पद को छोड़ना पड़ा व नई सोच बनाने के लिए मजबूर होना पड़ा। गांधीजी से मतभेद एक दुर्भाग्यपूर्ण घटना थी, जिससे उनमें देश को स्वतंत्र कराने के लिए अलग से कुछ करने की विचारधारा ने जन्म लिया।

उनकी राज्य स्थापना के साथ अंग्रेजों के विरुद्ध विद्रोह होने लगे थे। जिसकी परिणति प्रथम स्वतंत्रता संग्राम के रूप में हुई। विद्रोह की आग उसके बाद भी जलती रही। क्रांतिकारी अधिकतम बलिदान करते रहे। भारत की स्वतंत्रता में इन क्रांतिकारियों की भूमिका महत्त्वपूर्ण है। नेताजी सुभाषचंद्र का नाम इनमें अग्रणी है। भारत की आजादी के प्रश्न को अंतरराष्ट्रीय मंच पर निर्भीकता व ओजस्विता के साथ प्रस्तुत किया, वह अप्रतिम है। कांग्रेस के स्वराज्य प्राप्ति के तरीकों व राजनीति से वे संतुष्ट नहीं थे। इसके चलते उन्होंने क्रूर व चतुर कूटनीतिज्ञ अंग्रेज शासकों की आँखों

में धूल झोंकते हुए अदम्य साहस और आत्मविश्वास के साथ भारत से प्रयाण किया। आजादी के लिए उन्होंने आधे विश्व की खाक छानी।

भारत में ब्रिटिश सरकार द्वारा दी जानेवाली जेल यातनाओं की मरणांतिक पीड़ा, अंग्रेजों के क्रूर व चतुर पंजों से बचकर जर्मनी पहुँचना, विश्वयुद्ध की अवधि में पीड़ादायक, किंतु सक्रिय जर्मनी निवास, जापान पहुँचना, जापान द्वारा एक मित्रराष्ट्र मानकर उनकी सहायता करना उनके अद्‌भुत व्यक्तित्व का प्रतिफल था। कांग्रेस ने उन्हें समझने व उनका लाभ उठाने में भूल की। उनके हिटलर और मुसोलिनी से संपर्क को गलत दृष्टिकोण से देखा गया।

अदम्य साहस व भारत की आजादी की अलख जगाने निकले सुभाषचंद्र बोस को जापान में रह रहे क्रांतिकारी, आपादमस्तक तक भारतीय स्वतंत्रता के लिए समर्पित विद्वान् कूटनीतिज्ञ रासबिहारी बोस, जिन्होंने एक लाख भारतीय सैनिकों को एकत्र कर आजाद हिंद फौज बनाई थी, ने आमंत्रित किया। 4 जुलाई, 1943 का दिन भारतीय इतिहास में महत्त्वपूर्ण दिन है। इसी दिन सिंगापुर के कैथे भवन के एक समारोह में रासबिहारी बोस ने स्वतंत्रता-प्राप्ति के लिए सुभाषचंद्र बोस को आजाद हिंद फौज की कमान सौंपी थी।

सुभाषबाबू द्वारा आजाद हिंद फौज का सेनापतित्व सँभालने के बाद आजाद हिंद सरकार को इटली, राष्ट्रवादी चीन (नॉनकिंग सरकार), जापान, थाईलैंड, बर्मा, जर्मनी, कोरिया, फिलिपाइंस व मंचको द्वारा मान्यता देने के बाद ब्रिटिश सरकार के कान खड़े हो गए। 25 अक्तूबर, 1943 की अर्ध रात्रि को आजाद हिंद सरकार ने ब्रिटेन और अमेरिका के विरुद्ध युद्ध का ऐलान कर दिया। हिंदुस्तान की जनता हर्षोन्मादित हो झूम उठी। सारा विश्व हैरान। सबके मुख पर एक ही नाम था 'सुभाष'। अद्‌भुत शक्ति का अक्षय स्रोत।

सैनिक विद्यालय में सीखे बिना सेनापतित्व करनेवाले सहृदय सेनानायक सुभाष अपने युग से बहुत आगे थे। विश्व में पहली बार उन्होंने अपनी सेना में स्त्रियों का उपयोग कर उनकी अलग ब्रिगेड बनाई। सांप्रदायिक सौहार्द बनाकर राष्ट्रीयता का शंख फूँका। भूखी-प्यासी सेना को लेकर महानायक आगे बढ़ता रहा। अंडमान-निकोबार और कोहिमा में जब राष्ट्रीय झंडा फहराया गया, तब ब्रिटिश सरकार काँप उठी।

इंफाल और कोहिमा के मोरचे पर अनेक बार भारतीय ब्रिटिश सेना पराजित हुई। युद्ध में जापान की हार के बाद अत्यंत कठिन परिस्थितियों में आजाद हिंद फौज का समर्पण तथा सैनिकों पर जब दिल्ली के लाल किले पर मुकदमा चल रहा था तो पूरा भारत भड़क उठा था। जिस भारतीय सेना व पुलिस के दम पर अंग्रेज राज्य कर रहे थे, वे विद्रोह पर उतर आए थे। नौसैनिक विद्रोह ने ब्रिटिश के साम्राज्य के ताबूत में अंतिम कील जड़ दी। अंग्रेज अच्छी तरह समझ गए कि राजनीति व कूटनीति के बल पर राज्य करना मुश्किल हो जाएगा। उन्हें भारत को स्वाधीन करने की घोषणा करनी पड़ी।

स्वतंत्रता के पूर्व विदेशी शासक घबराते रहे नेताजी सुभाष बाबू से तो स्वतंत्रता के उपरांत देशी सत्ताधीन घबराते रहे जनमानस पर उनके व्यक्तित्व और कर्तृत्व के अमिट प्रभाव से। यह बड़े ही आश्चर्य की बात है कि आजादी के बाद नेताजी के बारे में, उनके कार्यों का सरकार कभी भी सही-सही मूल्यांकन नहीं कर पाई। विद्वानों का मत है कि सुभाषचंद्र बोस और आजाद हिंद सेना के संपूर्ण विषय को विस्मृति के गर्त में ढकेलने का एक कुचक्र है। नेताजी के जीवित होने के बारे में भी जनता असमंजस में रही। यद्यपि नेताजी अपने चुंबकीय व्यक्तित्व के कारण भारत और बाहर आकर्षण का केंद्र रहे। वे अपने समय के विश्वमान्य नेता थे। आजादी के इतने वर्षों बाद भी जनता उनको भूल नहीं पाई है।

वर्तमान पीढ़ी नेताजी के व्यक्तित्व व कृतित्व से बहुत ज्यादा परिचित नहीं है, अतः सुभाषबाबू के जीवन चरित पर एक नहीं, अनेक लघु या बृहत्काय विविध प्रकार के ग्रंथ निर्मित होने चाहिए। इस विस्मृति के गर्भ में पहुँचाए गए व्यक्तित्व पर लिखने का उद्देश्य स्वांतः सुखाय के साथ उनके चरित्र को पाठकों तक पहुँचाना भी है।

आजादी के दीवाने, स्नेह शमा के परवाने।
शक्ति के प्रखर पुंज, तुमको मेरा सलाम॥

—डॉ. राजेंद्र पटोरिया

आजाद चौक, सदर,
नागपुर-440001
मो. : 09421779906

अद्‌भुत सेनानायक नेताजी सुभाषचंद्र बोस

नेताजी सुभाषचंद्र बोस का व्यक्तित्व बहुआयामी था। प्रखर बुद्धिमान, निर्भीक, साहसी, कुशल सेनानायक व दूरदर्शी राजनीतिज्ञ के रूप में वे भारतीय स्वतंत्रता संग्राम के इतिहास में सदा याद किए जाएँगे। युवा-शक्ति का आह्वान कर सेना का गठन करने एवं भारत की आजादी के प्रश्न को अंतरराष्ट्रीय मंच पर प्रस्तुत कर आजादी का मार्ग-प्रदर्शित करनेवाले वे एक आदर्श नेता थे। उनका व्यक्तित्व इतना अनूठा व प्रभावशाली था कि विश्व के बड़े-बड़े राजनेता उनसे प्रभावित हुए और उनके प्रशंसक बने। उन्होंने भारत की आजादी को व्यापकता दी, एक ओर समस्त पूर्वी एशिया के भारतीयों को एकजुट किया, तो दूसरी ओर यूरोप का दौरा कर भारत विषयक अंग्रेजों के दुष्प्रचार का उत्तर दिया। नेताजी चाहते थे कि भारत की सोई जनता जागे। आबालवृद्ध सभी को स्वतंत्रता के शूलों का अनुभव हो। आजादी की इच्छा हर भारतीय के दिल में उठे तो भारत की स्वतंत्रता को साकार होने से फिर कोई रोक नहीं सकेगा। अपने इस उद्‌देश्य में वे सफल रहे। उन्होंने भारतीय समाज के प्रत्येक वर्ग के स्त्री-पुरुष को राजनैतिक दृष्टि से सचेत किया। इसलिए उनके नेतृत्व में बच्चे, बूढ़े, स्त्रियाँ सभी देश के लिए मर-मिटने को तैयार हो गए। अपने लेखों, भाषणों, 'फॉरवर्ड' नामक पत्रिका के साथ-साथ उन्होंने आजाद हिंद रेडियो की स्थापना द्वारा जनमत बनाया। आजाद हिंद फौज, आजाद हिंद रेडियो, आजाद हिंद सरकार, रानी झाँसी रेजीमेंट की स्थापना उनकी विशिष्ट उपलब्धियाँ हैं। इतनी विपरीत परिस्थितियों में साधनविहीन होने पर भी इन सबकी स्थापना किसी अद्‌भुत व्यक्तित्व के अद्वितीय कौशल द्वारा ही संभव है।

सुभाष बोस की समानता, स्वतंत्रता में गहरी आस्था थी। महिला सशक्तीकरण का कार्य उन्होंने उस समय किया, जब ऐसा कोई विचार दुनिया में नहीं था। भारत में भेदभाव पनपने देने की अंग्रेजों की धूर्ततापूर्ण नीति है, इससे उन्होंने बार-बार सचेत किया। आजाद हिंद फौज में वे प्रत्येक सिपाही की खबर रखते थे और उसे प्यार व सम्मान देते थे। धर्म या जाति के आधार पर कोई भेदभाव वहाँ नहीं था। उनका प्रजातंत्र में पूर्ण विश्वास था। अपनी योजनाओं पर अपने सहयोगियों से विचार-विमर्श करते थे। उन्हें फासीवादी या अधिनायक कहना एक उथली सोच है। आजाद हिंद

आंदोलन की एक-एक घटना इस बात की साक्षी है कि उन्होंने इस आंदोलन के एक-एक कार्यकर्ता की भावनाओं की कद्र की। यह उनके व्यक्तित्व का जादू था कि उनके अनुगामी होने में व्यक्ति गौरव व आनंद का अनुभव करता था। प्रजातंत्र में अपनी बात निर्भीकता से रखने का अधिकार होता है। कांग्रेस में उन्होंने जो प्रस्ताव रखे, चाटुकार कांग्रेसियों ने उन्हें विचार-विमर्श के बिना ही पारित नहीं होने दिया। दूसरे वर्ष उसी प्रस्ताव को स्वयं प्रस्तुत किया। अनेक विरोधों और तिरस्कार के बाद भी वे निरंतर कांग्रेस से सहयोग करने और उसे संगठित रखने का प्रयत्न करते रहे। वे अपने युग के सर्वश्रेष्ठ राजनीतिज्ञ थे। वे जानते थे कि एक सफल राजनीतिज्ञ का शक्तिशाली होना और उससे अधिक शक्तिशाली दिखना आवश्यक है। वे अपने विचारों में क्रांतिकारी थे और एक क्रांतिकारी परिवर्तन, आजादी चाहते थे। वे देख रहे थे कि अंग्रेज धूर्तता से कांग्रेस की माँगों को अनदेखा बना रहे हैं। भारतीय जेलों में भारतीय अधिकारियों और पुलिस को दमन-चक्र की मशीन का रहे थे। जब उन्होंने देखा कि देश में रहकर देश के हितों की रक्षा नहीं की जा सकती तो राष्ट्रीय हितों के लिए अंतरराष्ट्रीयता को आधार बनाया। मादाम भीकाजी कामा, लाला हरदयाल आदि इससे पहले अपने देश में अंग्रेजी शासन की दुरवस्था को अंतरराष्ट्रीय मंचों पर रख चुके थे। अफगानिस्तान में राजा महेंद्रसिंह आदि ने भी प्रथम महायुद्ध का लाभ लेने के लिए समानांतर सरकार की स्थापना की थी, पर उस समय भारत में जागरूकता की किरण भी ठीक से नहीं फूटी थी। विदेशों में रहकर भी नेताजी ने आजादी के संघर्ष के लिए भारतीयों को ही तैयार किया था। विदेशी रक्त प्रयोग से प्राप्त स्वाधीनता को उन्होंने गुलामी से भी बदतर समझा। ऐसी आजादी की रक्षा संभव नहीं है, अत: अपनी आजादी का मूल्य भारतीय रक्त ही चुकाएगा। उन्होंने भारत की जमीन पर भारत की आजादी की लड़ाई अपनी फौज और अपनी जनता द्वारा लड़ी।

ऐसे महान् पुरुष व आदरणीय नेता का जीवन परिचय पाना, उनकी अद्‍भुत कार्यकुशलता को आत्मसात् करना आवश्यक है। हमारा सौभाग्य है कि नेताजी के जीवन का हर पृष्ठ खुला है, यदि रहस्यमय है तो उनकी मृत्यु का क्षण। संयुक्त राष्ट्र संघ से ऐसे अप्रतिम व्यक्ति को युद्ध अपराधी कहना बंद करवाना और अंदमान व निकोबार को क्रमश: शहीद व स्वराज्य नाम देना सहज करणीय बातें हैं। यह सच है कि नेताजी को स्वतंत्रता आंदोलन के इतिहास में उनकी प्रतिभा एवं कार्यों के अनुरूप स्थान नहीं दिया गया है। जनता यह अनुभव करती है कि स्वतंत्रता के बाद देश की बागडोर यदि उनके हाथों में होती, तो आज भारत का इतिहास तथा विश्व में भारत का दर्जा कुछ और ही होता। इसीलिए भारतीय स्वतंत्रता-संग्राम के गगन में नेताजी सुभाषचंद्र बोस का स्थान ध्रुवतारे सा देदीप्यमान है। वे साहसी और असीम धैर्य के धारक थे। उन्होंने भारत की स्वतंत्रता के लिए यूरोप व एशिया के सभी देशों की संकटपूर्ण यात्राएँ कीं। अंग्रेजों ने नेताजी व उनकी आजाद हिंद फौज के कार्यों पर परदा डालने की साजिश की। उनके सामर्थ्य से स्वतंत्रता के पूर्व विदेशी शासक व पश्चात् देशी शासक घबराते रहे। वस्तुत: इस कंटकाकीर्ण मार्ग पर उनका अकेले चल देना जोखिम

और साहस का काम था। उन्होंने हिटलर और मुसोलिनी जैसी दुष्ट शक्तियों के किलों में प्रवेश करके भी अपना तथा अपने देश का स्वाभिमान बनाए रखा। उनका अनिश्चय की अँधेरी गुफाओं में चलते हुए हृदय में आशा का दीपक जलाए रखना कठिन होने के साथ मर्मांतक पीड़ादायी भी रहा। सुदृढ़, सुसंस्कृत, समृद्ध व अखंड भारत के निर्माण के स्वप्न को आकार देने के लिए उन्होंने अपना संपूर्ण जीवन झोंक दिया। अपनी मातृभूमि पर प्राणपण से समर्पित भारतीय स्वतंत्रता के महानायक, जिनके जीवन के अड़तालीस वर्ष का इतिहास सूर्य-प्रकाश सा स्पष्ट है, पर जिसे छिपाने के ही प्रयत्न अधिक हुए हैं, उनके जीवन का संक्षिप्त सा ही सही, परिचय नई पीढ़ी को देना आवश्यक है।

नेताजी सुभाषचंद्र बोस का जन्म शनिवार, 23 जनवरी, 1897 ई. में तत्कालीन बंगाल-बिहार-उड़ीसा प्रांत के कटक में हुआ था। यह वह वर्ष था, जब भारतीय ब्रिटिश सरकार महारानी विक्टोरिया का हीरक जयंती समारोह आयोजित कर भारतीय धन फूँक रही थी, जब कि भारत में प्लेग और अकाल का तांडव मचा हुआ था। प्लेग कमिश्नर रैंड शोषित-पीड़ित जनता से सहानुभूति की अपेक्षा क्रूरता का व्यवहार कर रहे थे। परिणामस्वरूप भारत की जनता में रोष पनप रहा था। महात्मा गांधी ने इसी वर्ष दक्षिण अफ्रीका में सत्याग्रह प्रारंभ किया था। सौभाग्य से नेताजी के वंश की सत्ताईस पीढ़ियों का इतिहास विभिन्न स्रोतों से उपलब्ध है। बोस (बसु) वंश के इस उपलब्ध वंश के प्रथम पुरुष दशरथ बोस की ग्यारहवीं पीढ़ी में बहुमुखी प्रतिभावान् 'महीपति' हुए, जो बंगाल के तत्कालीन नबाव के वित्तमंत्री व युद्धमंत्री थे, जिन्हें 'सुबुद्धि खाँ' की उपाधि प्राप्त हुई थी। उनकी संतान ईशान खाँ व ईशान खाँ के पुत्र गोपीनाथ ने भी नबाव के मंत्रिपदों को सुशोभित किया। महीपति को जिस प्रकार एक ग्राम सुबुद्धिपुर की जागीर दी थी, गोपीनाथ को भी पुरंदर खाँ की उपाधि तथा पुरंदरपुर ग्राम जागीर में दिया। कुशल प्रशासक के साथ ये समाजसुधारक एवं कवि भी थे। इनके द्वारा रचित पद आज भी वैष्णव भक्तों में गाए जाते हैं। सुभाष के पितामह हरनाथ ने अपने पूर्वजों के विपरीत अंग्रेजी शासन में धनाभाव झेलते हुए संघर्ष में जीवन बिताया। इनके ज्येष्ठ पुत्र देवेंद्रनाथ का बोस परिवार की शैक्षणिक प्रगति में उल्लेखनीय योगदान रहा। इन्होंने अपने बल पर शिक्षा प्राप्त कर महाविद्यालय का प्राचार्य पद प्राप्त किया, पत्नी को भी अंग्रेजी, बांग्ला एवं संस्कृत की विदुषी बनाया। सुभाष के पिता जानकीनाथ बोस के व्यक्तित्व को सँवारने में ज्येष्ठ भ्राता देवेंद्रनाथ ने पिता की भूमिका निभाई। जानकीनाथ बोस ने सरकारी वकील की तत्कालीन शान-शौकत वाली नौकरी को अंग्रेजों की भारतीयों को तुच्छ समझनेवाली मानसिकता के चलते तिलांजलि दे दी और कटक जाकर वकालत से यश व धन उपार्जित किए। वे क्रमशः कटक नगरपालिका के अध्यक्ष तथा बंगाल विधान परिषद् के सदस्य मनोनीत किए गए। रायबहादुर की उपाधि से सम्मानित होकर अपनी उन्नति व गौरव का सुख अनुभव किया। पुत्रों के लिए भी उच्च सरकारी पदों की कामना की। उनकी माता 'प्रभावती' संपन्न व राजसी दत्त परिवार से थीं।

सुभाषबाबू का पालन-पोषण इस संपन्न व प्रतिष्ठित परिवार के सुशिक्षित व अनुशासनप्रिय वातावरण में हुआ। सुभाष का स्वभाव चिंतनशील एवं एकांतप्रिय था। 1902 में पाँच वर्ष की उम्र में उन्हें एक प्रोटेस्टेंट यूरोपियन मिशनरी स्कूल में दाखिला दिलाया गया। यहाँ भारतीय विद्यार्थियों की संख्या अत्यधिक सीमित होती थी। अध्यापक यूरोपीय व एंग्लो-इंडियन थे। प्राथमिक शिक्षा के दौरान ही उन्होंने अंग्रेजों की भेदभावपूर्ण नीति का अनुभव कर लिया था। भारतीय विद्यार्थियों को प्रतियोगी परीक्षाओं में बैठने तथा सैनिक शिक्षा प्राप्त करने की अनुमति नहीं थी। अंग्रेज शिक्षक भारतीयों को हीन व उपेक्षा की दृष्टि से देखते थे। भारतीयता के प्रति गौरव व ब्रिटिश सरकार के प्रति विद्रोह के बीज सुभाष के मन में यहीं से पड़ गए थे। यह शिक्षा भारतीयों के अनुकूल नहीं थी। यहाँ भारत का इतिहास, भूगोल नहीं किंतु इंग्लैंड का इतिहास, भूगोल व अंग्रेजी रहन-सहन व ईसाई धर्म की शिक्षा दी जाती थी। लैटिन-अंग्रेजी की शिक्षा दी जाती थी, किंतु संस्कृत और भारतीय भाषाओं की नहीं।

1909 में उन्होंने कटक के रैविनिशा कॉलेजिएट स्कूल के माध्यमिक स्कूल में दाखिला लिया। इस स्कूल में अधिकांश अध्यापक बंगाली और उड़िया थे। उनमें आपसी सौहार्द व मैत्रीभाव था। यहाँ सुभाष को बड़ा आत्मीय वातावरण मिला। प्रधानाध्यापक बाबू बेनीमाधवदास से इन्हें पर्याप्त स्नेह व मार्गदर्शन मिला। यहाँ उन्हें बांग्ला अध्ययन करने का समुचित अवसर मिला। खेल के लिए दुबारा स्कूल जाने की अनुमति न मिलने पर उन्होंने जिमनास्टिक तथा व्यायाम में रुचि ली। अपनी बड़ी सी आँगनवाड़ी में बागबानी करने लगे। किशोर उम्र में ही उनके स्वप्न व उनकी महत्त्वाकांक्षा ऊँची थी, पर आयु के मुताबिक दिशाहीनता में भटक रहे थे। तभी उन्हें कटक के ही उड़िया-बाजार में रहनेवाले घोष परिवार से 'विवेकानंद ग्रंथावली' प्राप्त हो गई। इसे पढ़ते समय उनका चित्त प्रफुल्लित एवं शरीर रोमांचित हो जाता था। यह साहित्य उन्हें दिशादर्शक के रूप में प्राप्त हुआ था। भगवद्गीता के साथ यह भी उनकी आस्था का विषय बना।

सन् 1911 में जॉर्ज पंचम सपत्नीक भारत आए हुए थे। उनके स्वागत में 'नई दिल्ली' नामक सुंदर नगर बसाया गया और भव्य शाही दरबार आयोजित किया गया था। दरबार का सम्मानपूर्ण आमंत्रण रायबहादुर जानकीनाथ को भी मिला। सुभाषबाबू के मन से ब्रिटिश-विरोध का भूत उतारने के लिए सुभाषबाबू को भी साथ ले जाया गया। जहाँ सुभाष ने पिता के कहने पर भी उनका अभिवादन नहीं किया। राजे-रजवाड़ों का युवराज के चरणों में नतमस्तक होना उन्हें रास नहीं आया।

विवेकानंद के विचारों का असर उनके जीवन पर भी दिखाई देने लगा था। भारत के गरीबों का विचार करते हुए उन्होंने बग्घी में बैठकर स्कूल जाना बंद कर दिया था। स्कूल के प्रवेश-द्वार पर फकीर उनकी बाट जोहते थे। एक वृद्धा भिखारिणी को वे अपने भोजन से बचाकर रोटियाँ देते थे। सुभाषबाबू के परिवर्तित व्यवहार व अंग्रेजी-शासन के प्रति विद्रोह के भाव को देखते हुए उनके पिताजी ने उन्हें बड़े भाई शरद के पास कलकत्ता भेज दिया। कलकत्ता में उन्होंने रेस्तराँ या ट्राम,

सर्वत्र अंग्रेजों की तानाशाही देखी। फुटपाथों पर गरीब लोग बीमारी या भूख से मरते रहते थे और नगरपालिका के कर्मचारी उन्हें लावारिस पशुओं की तरह उठाकर ले जाते थे। दूसरी ओर देश-विदेश की सामग्री व शिल्पियों द्वारा विक्टोरिया मेमोरियल का निर्माण हो रहा था। वहाँ भी मजदूर आधा पेट खाकर काम करने को मजबूर थे। कटक से कलकत्ता तक अकाल की मार, मनुष्य और पशुओं के कंकाल दिखाई देते थे। किसानों के उत्तम पशु भी मिट्टी के मोल बेचे जा रहे थे। गाँव के गाँव खाली हो रहे थे। गाँव खाली करके जानेवाले लोग चलते-फिरते कंकाल मात्र थे। रेलगाड़ी का तीसरा डिब्बा साक्षात् नरक था। उन्हें विद्यालय में इंग्लैंड की रानी की प्रशस्ति घोर अपराध लगने लगी। इसीलिए उन्होंने एक बार अपने स्कूल में प्रशस्ति गाने से मना कर दिया, जिसके कारण उन्हें अध्यापक श्रीवास्तव की छड़ी की मार खानी पड़ी थी, जिससे उनके प्रिय गुरु वेनीमाधव ने बचाया था।

सुभाष का किशोर अवस्था में ही अनुशीलन-समिति के सक्रिय सदस्यों से परिचय हो गया था। चौरंगी लेन के निकट स्थित पुराने मकान की दूसरी मंजिल पर स्थित सुदेश बनर्जी का गुप्त कार्यालय उन्हें मानसिक आधार देता था। पिता के कुछ दिनों के लिए शरद के पास कलकत्ता भेज देने पर वे यहाँ आते थे। विविध प्रकार के दुर्लभ ग्रंथों के अलावा ब्रिटिश-विरोधी, ताजातरीन खबरों और क्रांतिकारियों की गतिविधियों की जानकारी सबसे पहले यहीं से मिलती थी। पिता जानकीनाथ के आई.सी.एस. के लिए सुभाष को लंदन भेजने के निर्णय के समय अपने अंतर्द्वंद्व का समाधान पाने के लिए सुभाष हेमंत व भोलानाथ के साथ उसी रहस्यमय स्थान पर पहुँचे थे। पुरानी तीन मंजिली इमारत, घुमावदार सीढ़ियाँ। निचली मंजिल पर घंटी बजाने से ऊपरी मंजिल का द्वार खुलता-बंद होता था। सुभाष के लिए वह जादुई चिराग जैसा था। झरोखे से झाँककर देखा सुरेश दा तनाव में थे। नौजवानों के बीच में भारत का नक्शा था। पंजाब से आए दो साथी वहाँ की ताजा खबरें बता रहे थे। जलियाँवाला बाग में उन्मत्त डायर की क्रूर तांडव लीला। उस कहानी को सुनकर तीनों किशोरों के रक्त जम गए। अंदर से डॉ. भट्टाचार्य के कराहने की आवाज आई, बम परीक्षण करते समय बम उनके हाथ में ही फट गया था। हेमंत गुस्से से बोला, 'सुभाष, तू जाएगा इन नराधमों के देश में?'

किशोर उम्र में ही उन्होंने अपने उन साथियों का एक दल बनाया, जो विवेकानंद के विचारों के समर्थक थे। स्वामीजी के निर्देशानुसार अपने मंडल के साथ गाँवों में जाकर ग्राम-सेवा करने लगे, जिसके उन्हें खट्टे-मीठे अनुभव हुए। इसी समय उन्होंने समाचार-पत्रों में प्रकाशित क्रांतिकारियों के चित्रों को अपने अध्ययनकक्ष में सजा लिया था। जो पुलिस अधिकारी मित्र की सलाह पर उनके पिता द्वारा हटा दिए गए। इतर कार्यों में इतना समय देकर भी वे 1913 में हाईस्कूल की परीक्षा में विश्वविद्यालय में द्वितीय स्थान पर रहे। 1912 में रासबिहारी बोस ने वायसराय हॉर्डिंग्ज पर बम फेंका था। रासबिहारी बोस कटक पहुँचे थे, उनकी सहायतार्थ एक गुप्त कोष तैयार किया गया था,

जिसमें सुभाष ने भी दो सौ रुपए दिए थे।

सोलह वर्ष की उम्र में सुभाष ने कलकत्ता के प्रेसिडेंसी कॉलेज में प्रवेश लिया। इस समय उन्होंने 'अरविंद दर्शन' को पढ़ा। हठयोग की साधनाएँ भी कीं। यहाँ भी उन्होंने राष्ट्रीय पुनर्निर्माण की स्वामीजी की योजना को साकार करने के लिए मित्र-मंडली का गठन कर उसका नेतृत्व किया। इस दल का कार्यक्रम स्वामीजी के विचारों वाले युवकों का सम्मिलित करना, आध्यात्मिक राष्ट्रीय साहित्य पढ़ना, देश के भव्य इतिहास व गौरव की जानकारी के लिए ऐतिहासिक व सांस्कृतिक महत्त्व के स्थानों पर भ्रमण करना, स्वामीजी के आदर्शों के अनुसार चरित्र-निर्माण के लिए विभिन्न स्थानों पर स्कूलों का निर्माण करना, विविध विषयों का ज्ञान रखनेवाले विद्यार्थियों से शिक्षकों का कार्य कराना तथा योग्य सदस्यों को विदेश भेजकर वहाँ की राजनीतिक व सांस्कृतिक चेतना की जानकारी से लाभ उठाना आदि था। इस दल की योजना को कार्यरूप प्रदान किया गया। उन्हें केवल पुस्तकीय ज्ञान से संतोष नहीं होता था। वे अंग्रेजों की भारत में घुसपैठ के स्थान प्लासी के युद्ध मैदान को देखने की इच्छा से अपने घर के दो घोड़ों पर मित्रों के साथ वहाँ पहुँचे और देखकर भावुक हो गए। कलकत्ता के इस दल के अतिरिक्त कटक में भी उनकी मित्रमंडली समाजसेवा से जुड़ी हुई थी। ग्रीष्मावकाश में सुभाष कटक पहुँचे, तो आस-पास के गाँवों में हैजा फैला हुआ था, एक सप्ताह उनका सेवादल गाँव-गाँव पहुँचकर सेवा करता था। हैजे की होमियोपैथी की दवाएँ देकर कुछ लोगों के प्राणों को बचाया। इस बीच भी उनकी एक आध्यात्मिक गुरु की तलाश लगातार चल रही थी। ये वे बीज थे, जिनके कारण वे संभवत: वृद्धावस्था में गुमनामी बाबा हुए। अंतत: सुभाष अपने मित्र हेमंतकुमार सरकार के साथ 1914 में देशभ्रमण के लिए निकल पड़े।

सुभाष साधु-संन्यासियों के दर्शन व मार्गदर्शन के लिए सदैव तत्पर रहते थे। साथ ही वे अपने मित्रों में अत्यंत लोकप्रिय थे। उन्होंने मित्रों से कहा—सद्‍गुरु के बिना सद्‍गति संभव नहीं है। अपने मित्र किटीश को मिलनेवाली छात्रवृत्ति के पैसों से छह मित्रों ने कलकत्ता छोड़कर हरिद्वार, मथुरा, वृंदावन, वाराणसी की यात्रा की। कई आश्रम व गुरुकुल देखे। साधु-संत भी देखे, पर सच्चा गुरु नहीं मिला। भग्नप्राय मंदिर में ठंड से ठिठुरकर सोते हुए सुभाष को अपनी माँ और भाभी की बहुत याद आई। उन्हें भाभी के भरोसे ही छोड़कर माँ कटक गई थीं, और वे गुरु की तलाश में दिशाहीन भटक रहे थे। हरिद्वार में साधु-संन्यासियों की पंगत में बैठे थे कि एक साधु ने कहा, 'हरिद्वारी ब्राह्मण और कहाँ मांसाहारी बंगाली भट!' यह कहकर उन्हें पंगत से उठा दिया। बनारस के पंडितों ने तो कुएँ से पानी भी नहीं लेने दिया। धर्म के नाम पर इस आडंबर और बीभत्स दृश्यों को देखकर उनका किशोर मन वितृष्णा से भर गया। बनारस के रामकृष्ण मिशन के मठ के स्वामी ब्रह्मानंद ने सुभाष को पहचानकर उन्हें अन्न-जल त्यागकर, शोकमूर्ति बनी हुई माँ का और सभी ओर ढूँढ़ने गए रिश्तेदारों का हाल सुनाया। दो-ढाई महीने की यात्रा से सभी निढाल हो गए थे। हेमंत ने कहा, "चलो, कल ही वापस चलें।" सुभाष ने कहा, "मैं खाली हाथ जानेवाला नहीं हूँ। मुझे पता चला

है कि बदरीनाथ की तीन पहाड़ियों के पीछे एक गुफा में पेड़ के नीचे एक सिद्ध महात्मा हैं। दो दिन की पहाड़ी चढ़ाई पार करके सुभाष और हेमंत वहाँ पहुँचे। सुभाष उनसे संन्यास की दीक्षा देने की प्रार्थना करने लगे। साधु ने कहा, ''ईश्वर गिरि-कंदरा में नहीं, श्रमिकों की वेदना में है। जनता-जनार्दन को जाग्रत् कर उन्हें शोषण और अज्ञान से मुक्त कर। स्वामी विवेकानंद ने देश को आर्थिक स्वतंत्रता की आवश्यकता पर बल दिया है। स्वामीजी का तुम जैसे युवकों पर ही विश्वास है। अपनी संघर्षवृत्ति और देशप्रेम का सदुपयोग कर। तेरा तेज और बल नष्ट होने के लिए नहीं है। अपने घर लौट जा। देश और समाज को तेरी आवश्यकता है। साधु बनने से किसी का भला नहीं होनेवाला है।''

सुबह सुभाष की प्रसन्न मुखमुद्रा व दिव्य तेज को देखकर हेमंत को लगा कि साधु ने सुभाष को ईश्वर के दर्शन करा दिए हैं और मैं व्यर्थ सोया ही रहा। केवल सत्रह वर्ष की आयु अपनी स्वतंत्रता के लिए उनका यह प्रथम गृह-त्याग था। जो देश की स्वतंत्रता के लिए कंटकाकीर्ण पथ पर चलने के लिए गृह-निष्क्रमण का मानो संकेत था, जहाँ उनकी देह व मन दोनों ही अनेक बार लहूलुहान हुए, पर अटूट आत्मबल बना रहा।

प्रथम विश्वयुद्ध छिड़ चुका था। अंग्रेजों की दमन-नीति के प्रति जनमानस में विद्रोह पनपने लगा था। सुभाष ने इस समय दर्शनशास्त्र में बी.ए. ऑनर्स के लिए प्रेसिडेंसी कॉलेज में प्रवेश लिया था। यह एक सरकारी महाविद्यालय था। अध्यापक अंग्रेज थे। वे अप्रासंगिक रूप से भारतीय नेताओं की हँसी उड़ाते रहते थे। रानी लक्ष्मीबाई व तात्या टोपे को विश्वासघाती और भारतीयों को असभ्य, बर्बर तथा हब्शी समझते थे। अपनी महान् संस्कृति फैलाकर भारतीयों का उद्धार करने की घोषणा करते रहते थे। इतिहास के अध्यापक ओटन कभी भी अभद्र टिप्पणियों द्वारा भारतीयों को अपमानित करने का मौका नहीं चूकते थे। एक बार उन्होंने भारतीय छात्रों को धक्का देकर अपमानित किया, जिससे भारतीय छात्रों में असंतोष फैल गया। प्राचार्य प्रो. जेम्स ने भी विद्यार्थियों को ही डाँटा। सुभाष ने प्रतिनिधि के रूप में प्राचार्य से चर्चा की, प्राचार्य के व्यवहार से असंतुष्ट विद्यार्थियों ने हड़ताल की घोषणा कर दी। प्राचार्य ने मौलवी को बुलाकर मुसलमान विद्यार्थियों को समझाने को कहा। पर सुभाष की सबसे मित्रता थी। शिक्षा विभाग से फटकार पाकर प्राचार्य महोदय ने विद्यार्थी-प्रतिनिधियों व ओटन की संयुक्त बैठक बुलाई। प्रशासन के हस्तक्षेप के बावजूद हड़ताल प्रो. ओटन के खेद व्यक्त करने के पश्चात् ही समाप्त हुई। पर महाविद्यालय प्रशासन ने विद्यार्थियों से पाँच-पाँच रुपया जुरमाना वसूल किया। साथ ही खिसियाए प्रो. ओटन छात्रों से और भी कटु व्यवहार करने लगे। भारतीय राष्ट्रीय कांग्रेस को नपुंसकों का आंदोलन बताने लगे। बंगाल की नई पीढ़ी राष्ट्रवाद सीख रही थी, आखिरकार विद्यार्थियों ने उनकी पिटाई कर दी। महाविद्यालय बंद कर दिया गया। जाँच समिति की नियुक्ति हुई। सुभाष से सबसे अधिक पूछताछ हुई। उन्होंने साफ बता दिया कि वे घटनास्थल पर मौजूद थे, पर पिटाई में शामिल नहीं थे और स्वयं किसी का नाम नहीं बताएँगे।

उन्हें महाविद्यालय से निष्कासित कर दिया गया। वे कटक लौट आए और निश्चय किया कि अपने आपको तथा अपने देश को इंग्लैंड से अधिक गौरवशाली बनाएँगे और वे ही अपने समय के सबसे महान् व्यक्ति बने।

सन् 1917 में उन्होंने स्कॉटिश चर्च कॉलेज में प्रवेश प्राप्त किया। दो वर्ष अवश्य व्यर्थ गए, पर यहाँ उन्हें सैन्य प्रशिक्षण प्राप्त करने की सुविधा प्राप्त हुई। सैनिक अभ्यास के लिए वन्य प्रदेशों में जाने और रहने के अवसर प्राप्त हुए। सैनिक के नाते वे फोर्ट विलियम कॉलेज में प्रवेश करने की अनुमति पा सके। सैन्य प्रशिक्षण ने उनकी शक्ति व आत्मविश्वास को दुगुना कर दिया। यह उनके भविष्य में स्वयं गठित सेना के सेनानायक होने का दैवी संकेत था। बी.ए. ऑनर्स की परीक्षा में उन्होंने प्रथम श्रेणी के साथ विश्वविद्यालय में दूसरा स्थान प्राप्त किया। पूरे भारत में रॉलट ऐक्ट नामक काले कानून का विरोध हो रहा था। विरोध करते हुए लाला लाजपतराय सरकारी दमन का शिकार हुए। सुभाषचंद्र के पिता जानकीनाथ बोस उनकी गतिविधियों और अभिरुचियों से चिंतित रहते थे। कहीं सुभाष सशस्त्र क्रांतिदल में न शामिल हो जाए, अथवा संदेह के आधार पर गिरफ्तार न कर लिया जाए। अत: वे स्वयं कलकत्ता पहुँचे और पुत्र के समक्ष लंदन जाकर आई.सी.एस. की तैयारी करने का प्रस्ताव रखा। चौबीस घंटे के अंदर सुभाष को जबाव देना था। जैसा कि हम बता चुके हैं कि दुविधाग्रस्त मन:स्थिति में यद्यपि वे प्रायोगिक मनोविज्ञान में एम.ए. करने का विचार बना चुके थे। फिर भी पिता का आदेश स्वीकार कर एक सप्ताह की तैयारी में 15 सितंबर, 1919 को वे 'सिटी ऑफ कैलकटा' नामक जहाज से इंग्लैंड के लिए रवाना हो गए। इंग्लैंड जाकर वहाँ की स्थितियों का जायजा लेने की भी उनकी सुप्त आकांक्षा थी। एक महीना सात दिन की जहाज की नीरस, थका देनेवाली लंबी यात्रा कर वे इंग्लैंड पहुँचे। यहाँ उन्होंने अनुभव किया कि जो एंग्लो-इंडियन भारत में भारतीयों को तुच्छ समझते थे, इंग्लैंड में भारतीयों से अच्छा व्यवहार करते थे। कारण—यहाँ उनकी स्थिति तुच्छ थी। यहाँ उन्होंने कैंब्रिज में प्रवेश लिया। आठ महीनों में नौ विषयों का विस्तृत पाठ्यक्रम पूरा किया और अध्ययन के साथ-साथ वहाँ के समाज का भी अनुभव लेते रहे। इंग्लैंड में अंग्रेज भारतीयों के साथ अपेक्षाकृत ठीक व्यवहार करते थे। पुलिस उन्हें षड्यंत्रकारी नहीं समझती थी। उनकी आशावादिता, स्पष्ट व्यक्तित्व, स्वतंत्र विचार एवं समय की पाबंदी से वे बहुत प्रभावित हुए।

22 सितंबर, 1920 को आई.सी.एस. परीक्षा का परिणाम घोषित हुआ। योग्यता सूची में वे चतुर्थ स्थान पर रहे। सुभाष विदेशी सत्ता की सेवा में अपनी स्वतंत्रता को होम नहीं करना चाहते थे। उन्होंने देखा कि ब्रिटिश नागरिक जनरल डायर का सम्मान कर रहे हैं, तो उनका निश्चय और भी दृढ हो गया कि वे शैतानी सरकार का अंग नहीं बनेंगे। उन्होंने राष्ट्रीय नेता देशबंधु चित्तरंजन दास से परामर्श किया कि वे देशसेवा के लिए कौन सा मार्ग चुनें, राष्ट्रीय माहविद्यालयों में अध्यापन, पत्रकारिता, कांग्रेस के लिए देश की समस्याओं के लिए शोधकार्य, प्रौढ़ शिक्षा अथवा समाजसेवा?

इस समय वे आई.सी.एस. के तहत प्रशिक्षु थे। पद छोड़ने के पूर्व अपने लक्ष्य-निर्धारण के लिए सलाह-मशविरा में लगे हुए थे। पद छोड़ने पर एक निश्चित धन ब्रिटिश सरकार को लौटाना पड़ता था, जिसे उनके पिता ने देने से मना कर दिया था। उसके पीछे उनका विचार था कि सुभाष अपने निर्णय से डिग जाएँ। पर सुभाषबाबू ने धन की व्यवस्था अपने मित्रों के सहयोग से कर ली। 22 अप्रैल, 1921 में उन्होंने पदत्याग कर दिया। उनके माता-पिता व मेजदा भी उनके निर्णय से प्रसन्न नहीं थे, क्योंकि उन्हें अनुमान था कि इससे ब्रिटिश सरकार उनसे कुपित होकर बदला लेगी। सुभाष के खुले विद्रोह का परिणाम सोचकर वे परेशान थे। सुभाष का त्याग-पत्र ब्रिटिश साम्राज्य पर चोट था। यह वह समय था, जब ब्रिटिश की दमननीति के विरुद्ध आवाजें तेज थीं। रौलट ऐक्ट, जलियाँवाला बाग के नृशंस नरसंहार आदि का विरोध हो रहा था। सैफुद्दीन किचलू वल्लभभाई पटेल, मोतीलाल नेहरू, देशबंधु चित्तरंजनदास, आसफ अली, राजगोपालाचारी, एम.आर. जयकर आदि अपनी शिखर छूती वकालात को छोड़कर जनांदोलन में कूद रहे थे। स्कूल-कॉलेजों का बहिष्कार, विदेशी कपड़ों की होली, सरकारी नौकरियों से त्याग-पत्र से परेशान ब्रिटिश सरकार सुभाष के इस आंदोलन में भाग लेने से शंकित हो गई थी। इसलिए उन्होंने लंदन स्थित भारतीय कार्यालय के एक उच्च अधिकारी सर विलियम ड्यूक को सुभाष को त्याग-पत्र वापस लेने के लिए समझाने भेजा, परंतु सुभाष देशसेवा के व्रत पर अडिग थे। उन्हें अपनी माताजी की स्वीकृति मिल गई थी। उनका अनुकरण करते हुए दिलीपकुमार राय व क्षितीशप्रसाद (किटीश) चट्टोपाध्याय ने आई.सी.एस. की परीक्षा दी ही नहीं।

सुभाषबाबू जब भारत लौटे, तब भारत में गांधीजी के नेतृत्व में असहयोग आंदोलन शुरू हो चुका था। देशभक्त क्रांतिकारी प्राय: मुखबिरी का शिकार होकर अंग्रेजी दमननीति के परिणामस्वरूप जान गँवा रहे थे। फलत: जनसमर्थन के अभाव में क्रांति एवं विद्रोह तेज नहीं हो पा रहा था। जनजागृति कम किंतु बलिदान अधिक हो रहा था। गांधीजी के असहयोग आंदोलन ने जनजागृति अधिक फैलाई। 1920 में रौलट अधिनियम लागू हुआ, जिसके तहत संदेह होने पर ब्रिटिश सरकार किसी भी भारतीय को बिना कोई कारण बताए अनिश्चितकाल के लिए गिरफ्तार कर सकती थी। खलीफा के साथ अंग्रेजों के दुर्व्यवहार को लेकर भारत के मुसलमानों ने मौलाना शौकत कली तथा मौलाना मोहम्मद अली नामक 'अली बंधुओं' के नेतृत्व में खिलाफत आंदोलन शुरू किया, जिसका गांधीजी ने समर्थन किया। 1920 में भारतीय आंदोलन का नेतृत्व गांधीजी के हाथों में था। गांधीजी ने असहयोग आंदोलन द्वारा एक साल के भीतर स्वराज दिलाने की घोषणा की। यह असहयोग विधानसभाओं, न्यायालयों व अंग्रेजी सरकार द्वारा स्थापित शिक्षा-केंद्रों के बहिष्कार के रूप में था।

सुभाषचंद्र बोस कवींद्र-रवींद्र के निर्देशानुसार भारत पहुँचते ही बंबई स्थित मणिभवन में जाकर महात्मा गांधी से मिले। उनके पास दो दिन रुके। गांधीजी ने चर्चा करके उन्हें चित्तरंजनदास से मिलने को कहा। गांधीजी के व्यक्तित्व से तो वे प्रभावित हुए, परंतु स्वतंत्रता के लिए उनके

कार्यक्रम बहुत ही निराशाजनक लगे। विदेशी बहिष्कार तथा सरकारी आदेशों की अवहेलना से अंग्रेजी शैतानी सरकार से आजादी पाना उन्हें असंभव लगा। कलकत्ता पहुँचकर वे घर जाने के पूर्व ही देशबंधु के घर पहुँच गए। घर के अन्य लोगों को देशबंधु के घर के सामने से ही विदा कर दिया। देशबंधु का घर कांग्रेसी कार्यकर्ताओं का आश्रय-स्थल बना हुआ था। उन्होंने वासंती देवी के दर्शन किए। देशबंधु से उनकी मुलाकात शाम को हुई। देशबंधु चित्तरंजन दास की राष्ट्रीय वकील की हैसियत से कीर्ति शिखर पर पहुँच गई थी। पूरे छह मास की तैयारी और चंदे से एकत्र धन से अरविंद घोष को राजद्रोह के मुकदमे से बरी करवाया था। इसके पश्चात् वे बंगाल में स्वतंत्रता व राष्ट्रवाद के नायक के रूप में प्रसिद्ध हुए। अलीपुर षड्यंत्र के सिलसिले में चले मुकदमे में उन्होंने अपना धन, प्रतिष्ठा व प्राण दाँव पर लगा दिए। नागपुर के कांग्रेस अधिवेशन के पश्चात् उन्होंने अपनी सारी संपत्ति राष्ट्र को दान कर दी और आसमान छू रही वकालत को तिलांजलि दे दी। उसी समय कांग्रेसी कार्यकर्ता ने 'देशबंधु' का नारा लगाया, तब से वे देशबंधु कहलाए। सुभाष इन्हीं देशबंधु से मिलने को आतुर थे, क्योंकि उन्हीं से भावी दिशा का निर्धारण होना था। उनके मित्र हेमंत ने देशबंधु के घर को अपना आवास बना रखा था। देशबंधु के आह्वान पर सर्वस्व समर्पण के लिए युवकों की कतारें तैयार रहती थीं। सुभाषबाबू इन्हीं देशबंधु से दिशानिर्देश लेकर कांग्रेस और कांग्रेस के माध्यम से स्वतंत्रता आंदोलन से जुड़ना चाहते थे।

दासबाबू सुभाष से प्रभावित हुए कि इतनी सी उम्र में उन्होंने कांग्रेस की कमियों को जान लिया। आदिवासी, पिछड़ी जातियों, मजदूरों के लिए कोई नीति न होना, स्वराज्य का मूलमंत्र व संविधान के निर्माण की त्वरित कारवाइयों के न होने का उल्लेख किया। देशबंधु ने दिग्गजों और अनुभवियों के समक्ष भी सत्य कहने में संकोच न करने के उनके स्वभाव की सराहना की। यह भी कहा कि तुम्हारे जैसे उत्साह के नए स्रोत के मिलने से ही संगठन रूपी नदी का पाट शुद्ध बना रहता है, अन्यथा प्रगतिशील नेता ही अंत में कट्टर प्रतिक्रियावादी बन जाते हैं। इसके कारण काल उनकी पकड़ से फिसल जाता है। बंबई में गांधजी व कलकत्ते में देशबंधु से आशीर्वाद पाकर जब सुभाषबाबू घर पहुँचे, पिता जानकीनाथ उनकी बाट जोह रहे थे। पिता ने जो कुछ कहा वह बहुत महत्त्वपूर्ण है। उन्होंने कहा, "अब तक सामान्य पिता की तरह मैंने तुम्हारे मोह में जो कुछ कहा, उसे भुला देना। अपने जीवन की प्रतिकूलताओं को देखते हुए भी धैर्य से राष्ट्र को समर्पित करने को तैयार पुत्र के माता-पिता बनकर हमारा जीवन धन्य है।" माता प्रभावती इंग्लैंड पत्र लिखकर सुभाष के राष्ट्र को समर्पित जीवन को पहले ही स्वीकार कर चुकी थीं। इस प्रकार सुभाष के भावी जीवन को माता-पिता तथा मेजदा (बड़े भाई शरद) तीनों का आशीर्वाद मिल चुका था।

गांधीजी बंगाल की बागडोर देशबंधु को सौंपकर निश्चिंत थे। सुभाषबाबू ने चित्तरंजनदास में योग्य गुरु पाया। चित्तरंजनदास को उनमें संवेदनशील, दूरदृष्टा कर्मठ सहयोगी दिखा। श्री दास ने उन्हें कलकत्ता के नेशनल कॉलेज का प्राचार्य नियुक्त कर दिया। प्राचार्य-पद के साथ उन्होंने कांग्रेस

के संगठन का अध्ययन तथा बंगाल कांग्रेस के संचालन का दायित्व भी सँभाला। वे सुबह से रात तक काम करते थे। उनकी शैक्षणिक योग्यता, अथक कार्यशक्ति, निर्दोष चरित्र, सुगठित शरीर पर खादी के स्वच्छ परिधान उनके व्यक्ति को आकर्षक एवं पद की गरिमा के अनुकूल बनाते थे। वे युवा छात्रों की समस्याओं का समाधान करते, राष्ट्रीय चरित्र के निर्माण की दिशा देते, आर्थिक दृष्टि से कमजोर छात्रों को सहायता प्रदान करते थे। महाविद्यालय की सभी गतिविधियों व छात्रों की अभिरुचियों में सक्रिय भूमिका निभाते थे। शीघ्र ही उनका महाविद्यालय चर्चा का विषय बन गया था।

बंगाल कांग्रेस के प्रचार अधिकारी के रूप में भी सुभाषजी ने महत्त्वपूर्ण भूमिका निभाई। एक ओर अपने दल की लोकप्रियता और संगठनशीलता के लिए प्रयत्न किए, दूसरे जो ब्रिटिश प्रशासनिक अधिकारी कांग्रेस के स्वरूप, नीति व कांग्रेस पदाधिकारियों की आलोचना किया करते थे, उनको निरुत्तर करने के लिए ब्रिटिश सरकार, उसकी शासननीति एवं दुर्बलताओं पर करारी चोट की। किसी विषय को गंभीरता से समझने व उसका विश्लेषण करने की उनमें अद्‌भुत क्षमता थी। भाषा उनके विचारों की सहचरी थी। राष्ट्रीय महाविद्यालय के प्राचार्य के रूप में वे समाज के विशालकाय सशक्त युवावर्ग से परिचित हुए। उनकी तीक्ष्ण दृष्टि युवकों की योग्यताओं को परख लेती थी। इसलिए वे कांग्रेस सेवादल के लिए कर्मठ और परिश्रमी देशभक्त युवक जुटा सके। नवंबर 1921 को इन्हीं युवकों ने प्रिंस ऑफ वेल्स के भारत आगमन पर उसके बहिष्कार की प्रभावशाली योजनाएँ बनाईं। ब्रिटिश शासन ने तिलमिलाकर कांग्रेस सेवादल को गैर-कानूनी घोषित कर दिया। यह सुभाषबाबू और उनके संगठन की सफलता थी। उन्होंने और जोश से स्वयंसेवकों की भरती करनी शुरू कर दी। इन स्वयंसेवकों को ब्रिटिश कानून के उल्लंघन का भी निर्देश दिया। असहयोग आंदोलन के इस दौर में भी बंगाल क्रांतिकारियों का गढ़ था। सशस्त्र क्रांति-दल शस्त्रों का उपयोग कर रहा था। उसे गांधीजी के एक वर्ष में अहिंसा के बल पर स्वराज्य प्राप्ति की घोषणा पर विश्वास नहीं था। गांधीजी ने बंगाल को भी अहिंसा के माध्यम से स्वराज्य प्राप्ति के लिए प्रेरित करने के उद्‌देश्य से सितंबर 1921 में कलकत्ता में वरिष्ठ कांग्रेसी नेताओं का अधिवेशन आयोजित किया। नेताजी को पहली बार देश के इन वयोवृद्ध नेताओं से मिलने का अवसर प्राप्त हुआ। ये सभी नेता चित्तरंजनदास के घर ठहरे। गांधीजी के कहने पर क्रांतिकारियों की एक गुप्त बैठक उनके घर पर आयोजित हुई। इसके अच्छे परिणाम निकले।

सुभाषबाबू ने बंगाल कांग्रेस समिति की एक गुप्त बैठक बुलाई। इसमें अपने गुरु श्री चित्तरंजनदास व अन्य सदस्यों के सामने उन्होंने कांग्रेस सेवादल को गैरकानूनी घोषित करने के उत्तर में गतिविधियाँ तेज कर अवज्ञा आंदोलन छेड़ने की योजना रखी। अपनी इस योजना के अनुसार दल के पाँच-पाँच सदस्यों के समूह को कलकत्ता के विभिन्न बाजारों में खादी बेचने के लिए भेजा। यह आंदोलन 1 दिसंबर, 1921 को प्रारंभ हुआ। छह दिसंबर को श्री चित्तरंजन दास के पुत्र चिररंजन (भोंगल) गिरफ्तार कर लिये गए। श्री सी.आर. दास चाहते थे कि सुभाष बाद में गिरफ्तार हों, अन्यथा

आंदोलन प्रारंभिक चरण में ही प्रभावहीन हो जाएगा। पुत्र की गिरफ्तारी के बाद देशबंधु सी.आर. दास ने अपनी पत्नी वासंती देवी तथा बहन उर्मिला सहित कुछ स्त्रियों को बाजार में घूम-घूमकर खादी बेचने भेजा। कार्यकर्ताओं ने इसका विरोध किया कि पुरुषों के जीवित रहते हमारी माँ-बहनें कैसे बाहर आएँगी। वासंती देवी ने कहा कि मैं भले ही अपने पति का निर्णय अस्वीकार कर दूँ, परंतु अपने नेता का आदेश मुझे पालन करना ही होगा। उनकी छोटी बेटी प्राजक्ता ने भी रायटर्स बिल्डिंग के सामने हड़ताल करने की घोषणा कर दी। इन महिलाओं की गिरफ्तारी की सूचना से पूरे शहर में आक्रोश फैल गया। सैकड़ों लोगों ने पुलिस थाने जाकर गिरफ्तारियाँ दीं। सुभाष जिन समूहों को बाजार में खादी बेचने के लिए भेजते, उन्हें आवश्यक निर्देश देते और उनके परिवारों की पूरी व्यवस्था भी करते।

प्रिंस ऑफ वेल्स के कलकत्ता आगमन की तारीख निकट आते-आते दमनचक्र की गति तेज होती गई। सभी प्रमुख नेता सींखचों के पीछे थे। आखिर 24 दिसंबर का समय आ गया। बंगाल की सूनी सड़कों ने हड़ताल की घोषणा की। खूँखार पुलिस कमिश्नर टेगार्ड ने देशबंधु को जेल में बुलाकर राजभवन चलने को कहा। देशबंधु ने सुभाष और किरण को भेज दिया। राजभवन में भव्य स्वागत समारोह व राजसी आतिथ्य चल रहा था। डिकी माउंटबेटन प्रिंस चार्ल्स के चचेरे भाई थे। उन्होंने सुभाष से कहा, आप लोग भाग्यशाली हैं कि हिंदुस्तान पर अंग्रेजों का शासन है। गांधी के उपवास, हड़ताल, सड़कों पर तमाशे से क्या आजादी मिल सकती है? सुभाष के उत्तर सुनकर उसने पुलिस कमिश्नर टेगार्ड से कहा—इसपर कड़ी दृष्टि रखें।

24 दिसंबर को प्रिंस ऑफ वेल्स के आगमन पर हड़ताल को वायसराय रीडिंग समझ नहीं पा रहे थे, जबकि सभी बड़े नेता जेल में हैं तो यह आंदोलन कैसे संभव है? उन्होंने आंदोलन रोकने के लिए पं. मदनमोहन मालवीय को मध्यस्थ बनाया और शर्त रखी कि यदि 24 दिसंबर की आम हड़ताल रद्द कर दी जाए, तो सरकार राजनैतिक बंदियों को छोड़ देगी, कांग्रेस पर लगाई गई पाबंदियों को हटा लेगी और अन्य सुविधाएँ देगी।

स्वयं सुभाष तथा उनके साथियों ने इसे छलावा मात्र माना, वरिष्ठ नेताओं ने संधि करना उचित समझा। देशबंधु का विचार था कि 31 दिसंबर निकट है और गांधीजी की घोषणा के अनुसार स्वराज्य मिलने की कोई संभावना नहीं है। ऐसे में जनता की हताशा अपने नेताओं की रिहाई से कुछ कम हो जाएगी। फलत: देशबंधु और मौलाना ने गांधीजी से सरकार के प्रस्ताव को स्वीकार करने का निवेदन किया। गांधीजी ने सरकार से अलीबंधुओं को भी छोड़ने की माँग की, जिसे ब्रिटिश सरकार ने नामंजूर कर दिया। गोलमेज सम्मेलन के विषय में भी सरकार की नीति स्पष्ट नहीं थी, फलत: संधिवार्त्ता असफल हो गई। वर्ष समाप्त हो गया, स्वराज्य का कोई सूत्र हाथ नहीं लगा था, इससे जनता में घोर हताशा थी। गांधीजी ने 10 फरवरी, 1922 से बारदौली से मालगुजारी न देने को लेकर आंदोलन करने का निर्णय लिया, इससे जनता में उत्साह का वातावरण निर्मित

हुआ, किंतु 4 फरवरी को ही उत्तेजित जनमानस ने एक पुलिस थाने पर आक्रमण कर आग लगा दी। गांधीजी ने असहयोग आंदोलन को वापस ले लिया। इस निर्णय का देशबंधु, लाला लाजपतराय, पं. नेहरू, सुभाष आदि सभी नेताओं ने विरोध किया। इसका परिणाम गोपीनाथ और जतीन जैसे कार्यकर्ताओं पर हुआ। गहन निराशा और क्रोध में गोपीनाथ ने दुष्ट पुलिस कमिश्नर टेगार्ट को मारने के लिए भूल से एक निरपराध पर गोली चला दी।

अलीपुर केंद्रीय कारागार में विभिन्न प्रांतों से आए राजनैतिक बंदियों से सुभाषबाबू की भेंट हुई और विभिन्न राष्ट्रीय विषयों पर विचार-विमर्श का अवसर मिला। 4 अगस्त, 1922 को सुभाषबाबू को तथा पाँच दिन बाद देशबंधु को रिहा कर दिया गया। सुभाषबाबू अपने युवा-संगठन के कार्य में जुट गए। डॉ. मेघनाद साहा की अध्यक्षता में अखिल बांग्ला युवा समारोह का आयोजन हुआ। सुभाषबाबू ने अपने स्वागत भाषण में अनेक बाधाओं व समस्याओं पर साहस से विजय पाते हुए मातृभूमि के लिए त्याग, बलिदान व संघर्ष का आह्वान किया। सामाजिक कुरीतियों के उन्मूलन की दिशा में भी प्रयत्न करने को कहा। राजनीतिक गतिविधियों को निभाते हुए सुभाषबाबू समाजसेवा में भी निरंतर निरत रहते थे, जिस समय वे युवकों के संगठन में व्यस्त थे, तभी बंगाल के उत्तरी भाग में भयंकर बाढ़ आई, कई जिले पूर्णतः जलमग्न हो गए। सैकड़ों लोग बेघर हो गए। इस समय सुभाषबाबू ने संथार नामक स्थान पर सहायता केंद्र स्थापित किया। कुशलतापूर्वक अनेक विभाग स्थापित किए। इसमें उन्हें हेमेंद्रनाथ दास तथा पुराने अन्य साथियों का सहयोग मिला।

असहयोग आंदोलन की असफलता से पूरे देश में निराशा व्याप्त थी। इन आंदोलनों का दमन ब्रिटिश सरकार कौंसिल के प्रतिनिधियों द्वारा दमनकारी कानून बनवाकर करती थी। जनता इस माध्यम से स्वतंत्रता हासिल करना असंभव मानने लगी थी। अतः देशबंधु व सुभाष का विचार था कि कौंसिल में अपने प्रतिनिधियों को भेजकर इस प्रक्रिया को रोका जाए। गांधीजी इसके विरोध में थे और मोतीलाल नेहरू समर्थन में। दिसंबर 1922 के गया के कांग्रेस अधिवेशन में देशबंधु चित्तरंजन दास अध्यक्ष थे, मोतीलाल नेहरू उनके सचिव। पर वे कौंसिलों में प्रवेश के प्रस्ताव को पास नहीं करवा सके। कांग्रेस के अधिवेशन में अध्यक्ष के पराजित होने की यह पहली दुर्भाग्यपूर्ण घटना थी। अगले ही दिन उन्होंने कांग्रेस पार्टी से त्याग-पत्र देकर 'स्वराज्य पार्टी' का गठन किया, जिसके अध्यक्ष स्वयं वे तथा सचिव मोतीलाल नेहरू बने। इस पार्टी को देश भर से समर्थन मिला। लाला लाजपतराय इसमें सम्मिलित हुए। फलतः कांग्रेस का एक आपातकालीन अधिवेशन मौलाना अबुल कलाम आजाद की अध्यक्षता में दिल्ली में आयोजित किया गया। इस अधिवेशन ने देशबंधु को कौंसिल प्रवेश की अनुमति प्रदान कर दी।

स्वराज्य पार्टी के प्रचार-प्रसार के लिए 'फॉरवर्ड' नामक दैनिक पत्र का प्रकाशन प्रारंभ किया गया, जिसके प्रबंध संपादक बाबू मनमोहन भट्टाचार्य तथा सहसंपादक उपेंद्रनाथ बनर्जी बनाए गए; परंतु प्रकाशन के प्रारंभ के पूर्व ही दोनों गिरफ्तार कर लिये गए। अतः संपादन का दायित्व सुभाषबाबू

को सौंपा गया। पहला अंक अक्तूबर 1923 को निकला। पत्र की लोकप्रियता के लिए उन्होंने कड़ी मेहनत की। उनके संपादकीय इतने प्रभावशाली होते थे कि विपक्ष द्वारा आलोचना की हिम्मत पस्त हो जाती थी।

सन् 1923 में वे बंगाल प्रांतीय कांग्रेस समिति के मंत्री चुने गए। कलकत्ता नगर निगम के चुनावों में 33 क्षेत्रों में से 30 में देशबंधु ने स्वराज्य पार्टी के सदस्यों को खड़ा किया। अधिकांश को जीत मिली। सुभाषबाबू भवानीपुर क्षेत्र से निर्विरोध चुने गए। स्वराज्य पार्टी का कलकत्ता नगर निगम पर अधिकार हो गया। महापौर की हैसियत से देशबंधु ने वरिष्ठता क्रम को नजरअंदाज करते हुए सुभाषबाबू को मुख्य नगरपालिका अधिकारी चुना। प्रांतीय सरकार ने बड़ी कठिनाई से उन्हें अनुमति दी। देशबंधु ने कहा कि स्वतंत्र भारत में शासन करने का यह पूर्व प्रशिक्षण है। सुभाषबाबू ने मुख्य प्रशासक का दायित्व अद्‌भुत योग्यता तथा क्षमता से निभाया। प्रत्येक कार्य को तत्काल समाप्त करते थे। नगर-निरीक्षण करते थे। प्रत्येक फाइल को स्वयं पढ़ते थे। कार्यालयीन समय के पश्चात् लोगों से मिलते थे। उन्होंने भारतीय नागरिकों को औद्योगिक विकास के प्रशिक्षण के लिए विदेश भेजा। प्राथमिक शिक्षा का विस्तार, स्वास्थ्य सेवाओं में वृद्धि, नगर समाचार-पत्र का प्रकाशन तथा व्यावसायिक संग्रहालय की स्थापना जैसे कार्य किए। कर्मचारियों को खादी पहनना आवश्यक घोषित किया। शासकीय व्यक्तियों के स्वागत को निरस्त कर महात्मा गांधी, मोतीलाल नेहरू, लाजपतराय व हकीम अजमल खाँ जैसे विद्वानों के स्वागत की परंपरा प्रारंभ की। इस पद का उपयोग सामाजिक चेतना विकसित करने के लिए किया। प्राय: अंग्रेज ही विभागाध्यक्ष के पद पर नियुक्त किए जाते थे। वे भारतीय अधिकारियों के साथ अभद्र व्यवहार करते थे। सुभाषबाबू के साथ भी उन्होंने वैसा ही व्यवहार करने की कोशिश की, परंतु उन्हें विशेष रूप से इंजीनियर मि. कोट्स को इस प्रयास में सुभाषबाबू से क्षमायाचना करनी पड़ी। सुभाष की सफलता और उनकी बढ़ती लोकप्रियता से ब्रिटिश सरकार आतंकित थी। आई.सी.एस. से त्याग-पत्र देते ही गुप्तचर साये की तरह उनके पीछे पड़े हुए थे। बंगाल के गवर्नर लॉर्ड लिटन ने राजभवन में बैठक आयोजित की। बंगाल में बढ़ते राष्ट्रवाद से सभी घबराए हुए थे। उन्होंने पुलिस कमिश्नर टेगार्ड से उसे घेरने का आदेश दिया। उन्होंने क्रांतिकारियों के बदहाल परिवारों को नौकरी दी थी, जिसे आधार बनाकर सुभाष को पकड़ना चाहते थे। बंगाल का उग्र राष्ट्रवाद उनके लिए भयावह था। देशबंधु ने सुहरावर्दी को उपमहापौर बनाया था, उनकी 'फूट डालो, राज करो' की नीति भी विफल हो रही थी। मुंबई व पंजाब तक सुभाष का प्रभाव था। आतंकित टेगार्ट ने उन्हें गिरफ्तार कर प्रेसीडेंसी जेल भेज दिया। सुभाष की गिरफ्तारी के वारंट गत जुलाई में ही जारी किए जा चुके थे, पर सामयिक स्थितियों की नजाकत देखते हुए उन्हें गिरफ्तार करने में विलंब हुआ। रातोरात एक अध्यादेश जारी हुआ, जिसके किसी भी भारतीय को कभी भी कहीं भी किसी न्यायालय में पेश किए बिना वर्षों तक हिरासत में रखा जा सकता था। पूरे देश में गिरफ्तारी के विरोध में प्रदर्शन हुए। स्वास्थ्य-लाभ के लिए

शिमला गए हुए देशबंधु समाचार सुनते ही कलकत्ता लौटे और ब्रिटिश सरकार का स्पष्ट रूप से विरोध किया। सुभाष के साथ ही स्वराज्य पार्टी के सत्तर कार्यकर्ता बंदी बनाए गए। 1924 ई. में महात्मा गांधी ने कांग्रेस अधिवेशन में घोषणा की कि स्वराज्य पार्टी का काम पूर्णत: कांग्रेस का काम माना जाएगा।

सुभाषबाबू मुख्य कार्यपालिका अधिकारी का काम जेल से ही करने लगे। कार्यालय के अधिकारी उनसे मिलने आते थे। देशबंधु भी उनसे मिलने गए। अपने नाजुक स्वास्थ्य की अवस्था में भी देशबंधु सुभाष सहित सभी राजबंदियों की मुक्ति के लिए भाग-दौड़ तथा प्राणपण से प्रयत्न कर रहे थे। 31 अक्तूबर, 1924 को दो लाख लोगों की विशाल जनसभा हुई। उन्होंने अपनी सारी संपत्ति दान कर दी। सरकार ने आतंकित होकर उन्हें मांडले जेल में भेज दिया। इसी दौरान सबसे आहत हुए देशबंधु चित्तरंजन दास की 1925 में मृत्यु हो गई। सुभाष का मांडले जेल भेजा जाना अत्यंत गुप्त रखा गया था। उनके आठ साथियों को भी वहाँ भेज दिया गया। उनका उद्देश्य सुभाष के आत्मबल को तोड़ना था। लोकमान्य तिलक ने इसी जेल में 'गीताभाष्य' लिखा था। जेल की कोठरियाँ लकड़ी की नुकीली छड़ों से बनी हुई थीं, जो भीषण गरम व हाड़कँपाती सर्द हवाओं का स्वागत करती थीं। वर्षा के जल को भी रोकने का कोई प्रबंध नहीं था। भोजन में भी विषैले जंतुओं का सहज स्वागत होता था।

मृत्यु के पूर्व देशबंधु ने गांधीजी को दार्जिलिंग में बुलाकर कहा था, मैंने देश को सुभाष जैसा रत्न दिया है। मैंने उसकी तड़प, उसकी संगठन-क्षमता और उसके प्रखर देशाभिमान को बहुत निकट से देखा है। वह एक जगमगाता तेजस्वी नक्षत्र है। उसकी क्षमताओं की कोई इयत्ता नहीं है। आप उसका उपयोग करें। कृपया उसे निराश्रित न छोड़े। दास बाबू की शवयात्रा में पाँच लाख लोग सम्मिलित हुए थे।

कारावास का समय सुभाष बाबू ने अध्ययन में बिताया। कुछ पुस्तकें उन्होंने प्रकाशक से सीधे और कुछ बड़े भाई शरत बोस से मँगवाईं। इतिहास, मनोविज्ञान, अपराध मनोविज्ञान, जेल सुधार, धर्म, तंत्रविद्या तथा साहित्य से संबंधित पुस्तकों का अध्ययन किया और भावी जीवन की योजनाएँ बनाईं। ध्यान धारणा का अभ्यास किया तथा माँ काली की भक्ति की। सुभाष और उनके साथियों के अनशन के बाद प्रशासन ने उन्हें दुर्गा-पूजा उत्सव मनाने की अनुमति दी।

सुभाषबाबू को जेल से मुक्त कराने के लिए एक विशाल जन-आंदोलन भी हुआ, पर इससे भी भारतवासी अपने नेता को आजाद नहीं करा सके। 1926 में जन-समुदाय ने उन्हें विधान-परिषद् के चुनाव के लिए खड़ा किया, जिससे उनके जीतने के बाद ब्रिटिश सरकार उन्हें रिहा करने को विवश हो जाए। सुभाष मांडले जेल में थे, उनके लिए प्रचार-कार्य कठिन था। उन्होंने मांडले जेल से मतदाताओं के नाम जो अपील की, वह ब्रिटिश नीति के कारण मतदाताओं तक पहुँच नहीं पाई। प्रतिद्वंद्वी के रूप में कलकत्ता के नामी वकील के भतीजे जे.एन. बसु को खड़ा किया गया था। परंतु

चुनाव-प्रचार के बिना ही सुभाष को भारी मतों से विजय प्राप्त हुई। ब्रिटिश सरकार ने फिर भी बोस की रिहाई के आदेश जारी नहीं किए।

मांडले जेल के वातावरण में दमा और निमोनिया होना स्वाभाविक था, उस पर जेल अधिकारी लापरवाह थे। सुभाष के गंभीर रूप से अस्वस्थ होने की जानकारी मिलने पर जनता ने उन्हें रिहा करने की माँग की, पर सरकार ने उन्हें रिहा न करके स्वास्थ्य परीक्षण के लिए एक समिति गठित कर दी। समिति ने गंभीर अस्वस्थता की रिपोर्ट के साथ उन्हें रिहा करने की प्रार्थना की। उनका वजन 40 पौंड कम हो गया था, उन्हें संभवतः क्षयरोग था, पर सरकार ने उन्हें मांडले जेल से हटाकर इंसीन जेल में स्थानांतरित कर दिया। उनके स्वास्थ्य में कोई सुधार नहीं था। ब्रिटिश सरकार के लिए रिहाई आवश्यक थी, फिर भी कूटनीति के तहत उसने सुभाषबाबू के समक्ष अपने खर्च पर स्विट्जरलैंड जाने का प्रस्ताव रखा। सुभाषबाबू ने इसे अपमान माना और कहा कि ब्रिटिश सरकार ने मुझे जिस अवस्था में गिरफ्तार किया था, उसी अवस्था में कलकत्ता लौटाना ब्रिटिश सरकार का उत्तरदायित्व है। विवश होकर 15 मई, 1927 को ब्रिटिश सरकार ने उन्हें कलकत्ता लाकर छोड़ दिया। उनके स्वास्थ्य को देखते हुए डॉ. नीलरतन सरकार तथा डॉ. विधानचंद्र राय ने जनता से सुभाषबाबू को आराम करने देने की विनती की विज्ञप्ति प्रसारित कराई।

मांडले जेल में वे आत्ममंथन, आत्मचिंतन करते हुए भावी मार्ग की रूपरेखा बनाते रहे। मांडले कारावास में भारतीय राजनीति से उनका संपर्क टूट चुका था। उनके गुरु देशबंधु की मृत्यु हो चुकी थी। देशबंधु के स्वभाव, कार्य व देशभक्ति के कारण उन्हें बंगाल के राजनैतिक कार्यों में निर्विरोध सहयोग मिला। वे बंगवासियों के हृदय पर राज करनेवाले अनन्य नेता थे। उनके निधन से सुभाष सहित उनके सभी साथियों ने हृदयद्रावी विलाप किया। असीम शोक से सारा कारागार स्तब्ध हो गया था।

सुभाषबाबू जिस वर्ष जेल से छूटे, उस वर्ष दिसंबर 1927 को मद्रास में डॉ. एम.ए. अंसारी की अध्यक्षता में कांग्रेस का वार्षिक अधिवेशन आयोजित हुआ। इस समय बंगाल का नेतृत्व सुभाष कर रहे थे। नवंबर में लॉर्ड इरविन ने सर जॉन साइमन की अध्यक्षता में एक कमीशन गठित किया, जिसके सभी सातों सदस्य अंग्रेज थे। यह कमीशन भारत को शासन में प्रतिनिधित्व के विषय पर विचार करने के लिए गठित किया गया था। इस अधिवेशन में कांग्रेस ने साइमन के बहिष्कार का निर्णय लिया। सभी राजनैतिक दलों ने साइमन कमीशन का एक स्वर से विरोध किया। सभी ने संगठित होकर कांग्रेस के नेतृत्व में 'साइमन वापस जाओ' के देशव्यापी नारे लगाए और काले झंडों से उसका स्वागत किया। बंगाल में सार्वजनिक हड़ताल व विदेशी वस्तुओं के बहिष्कार के साथ विरोध हुआ।

इसी अधिवेशन में 'अखिल भारतीय सर्वदलीय समिति' के गठन का प्रस्ताव पारित हुआ। इसका लक्ष्य देश में भावात्मक एकता स्थापित करना तथा देश के लिए संविधान बनाना था। संविधान

निर्माण के लिए मोतीलाल नेहरू की अध्यक्षता में 'नेहरू समिति' गठित हुई, जिसमें सुभाषबाबू एक सदस्य थे। नेहरू समिति ने औपनिवेशिक स्वराज्य के सिद्धांत को स्वीकार कर लिया। अन्य राजनैतिक दल पूर्ण स्वाधीनता के सिद्धांत के पक्ष में थे। अगस्त 1928 को लखनऊ में आयोजित 'अखिल भारतीय सर्वदलीय समिति' की बैठक में नेहरू समिति द्वारा तैयार संविधान को यथावत् स्वीकार कर लिया गया। कांग्रेस को विभाजन से बचाने के लिए मोतीलाल नेहरू व सुभाष ने स्वाधीनता परिषद् का गठन किया। कांग्रेस के विभाजन से स्वतंत्रता-आंदोलन शक्तिहीन हो जाता। सुभाष व जवाहरलाल नेहरू औपनिवेशिक स्वराज्य की अपेक्षा पूर्ण स्वराज्य के समर्थक थे। इस विरोध के चलते कांग्रेस की सांध्यकालीन आपात् बैठक बुलाई गई, जिसमें गांधीजी व अन्य वरिष्ठ कांग्रेसियों के समक्ष दोनों को झुकना पड़ा।

सुभाषबाबू कांग्रेस के शीर्षस्थ कार्यकर्ता के रूप में प्रतिष्ठित हो चुके थे। 3 मई, 1928 को पूना में आयोजित कांग्रेस समिति के छठे अधिवेशन की अध्यक्षता सुभाषबाबू ने की। उन्होंने भारतीय प्रजातंत्र व राष्ट्रवाद के विदेशी आलोचकों की आलोचनाओं का प्रत्युत्तर दिया। कांग्रेस को संगठित रहने, युवकों व महिलाओं को सहयोग देने का आह्वान किया। सुभाषबाबू का अनुभव था कि प्रौढ़ पीढ़ी युवा पीढ़ी का निरंतर विरोध करती रहती है। अत: समय-समय पर वे युवाशक्ति को आंदोलन में उतरने व प्रौढ़ पीढ़ी को युवा पीढ़ी को समर्थन प्रदान करने की अपील करते थे। उन्हें अनेक युवा-संगठनों में भाग लेने का अवसर मिला। वे अपनी कर्मठता, निष्काम सेवा, त्याग, अद्‌भुत निर्णय क्षमता, बेबाक अभिव्यक्ति एवं ओजस्वी भाषणों से युवाशक्ति को प्रेरित व जाग्रत् करते रहे।

दिसंबर 1928 का कांग्रेस अधिवेशन कलकत्ता में होनेवाला था। बैरिस्टर सेनगुप्ता व सुभाषचंद्र मोतीलाल नेहरू को अध्यक्ष बनाना चाहते थे। जब सुभाषचंद्र बोस सुदूर ब्रह्मदेश की मांडले जेल में थे, तब देशबंधु के निधन के पश्चात् बंगाल कांग्रेस का प्रतिनिधित्व महात्मा गांधी के निर्देशानुसार बैरिस्टर सेनगुप्ता कर रहे थे। सुभाष के लौटने पर सुभाष व सेनगुप्ता के दो दल हो गए थे, परंतु कलकत्ता अधिवेशन में मोतीलाल नेहरू को अध्यक्षपद सुशोभित करना चाहिए, इस पर दोनों सहमत थे। अत: दोनों ही इलाहाबाद के आनंद भवन पहुँचे। जवाहरलाल, सुभाष, मोतीलाल और बैरिस्टर सेनगुप्ता में खूब मित्रता बढ़ी। मोतीलाल नेहरू जवाहरलाल को अध्यक्ष बनाना चाहते थे। सुभाषबाबू की बढ़ती लोकप्रियता से जवाहरलाल के लिए कुछ आशंकित भी थे। उनकी दृष्टि में जवाहर जैसा दूसरा नवयुवक भारत में नहीं था। आनंदभवन आधुनिक सुख-सुविधाओं से युक्त राजभवन जैसा ही था। सेनगुप्ता मोतीलालजी से बार-बार आग्रह कर रहे थे कि प्रांतीय कमेटी ने आपको अध्यक्ष बनाने का निर्णय लिया है, और वे बार-बार जवाहरलाल को अध्यक्ष बनाने का हठ किए हुए थे। सेनगुप्ता और मोतीलाल इस पर सहमत थे कि अंग्रेजी राज्य में भारत की दुर्दशा को विश्व के समक्ष प्रस्तुत किया जाए और विश्व जनमत को अपने पक्ष में बनाया जाए। जवाहरलाल और सुभाष दोनों इस पर सहमत हुए कि पूर्ण स्वराज्य के लक्ष्य का प्रस्ताव इसी कलकत्ता अधिवेशन में रखा जाए।

प्रतिष्ठित वृद्ध नेताओं के विरोध के बावजूद देश की नवयुवा पीढ़ी में धधक रहे विद्रोह के दावानल की एक भी चिनगारी को नष्ट करने का पाप न किया जाए। जवाहरलाल नेहरू भी ग्रामोद्धार, सफाई, कुटीर उद्योग आदि कार्यों के द्वारा स्वतंत्रता संभव नहीं मानते थे। जन-मानस में गांधी की महिमा इतनी प्रबल थी कि मोतीलालजी ने जवाहरलाल को गांधीजी के प्रति विद्रोह की भाषा न बोलने की चेतावनी दी।

कांग्रेस अधिवेशन के पूर्व कलकत्ता में ही युवक कांग्रेस का अधिवेशन हुआ। कलकत्ता में ही मुसलिम लीग के अधिवेशन में नेहरू संविधान को नामंजूर कर दिया गया था। सम्मेलन की अध्यक्षता बैरिस्टर नरीमन कर रहे थे। सुभाषचंद्र बोस ने अपने भाषण में कहा—युवक संगठन उन ध्येयप्रेरित क्रांतिकारी युवाओं का समूह है, जिनके हृदय में वर्तमान व्यवस्था के प्रति उग्र विरोध के धधकते अंगारे खिलते हैं। अंग्रेजों के चंगुल से मुक्त होने पर ही हमारी प्रगति का राजमार्ग खुल सकता है। हमें संघर्ष के लिए कटिबद्ध होना है। आज भारत में दो मठ ऐसे हैं, जो इस संघर्ष को तीव्र नहीं होने देते—एक साबरमती आश्रम तो दूसरा अरविंदपीठम्। संन्यासियों व सुपात्रों का इस देश में सदा आदर हुआ है। योग और अध्यात्म के निरर्थक महत्त्व से आधुनिक स्वतंत्र, सुखी और शक्ति-संपन्न भारत का निर्माण नहीं हो सकता। भाषण के समय जतीनदास के साथ भारत नौजवान सभा के बीस-तीस कार्यकर्ता मंच पर आए, उनमें भगतसिंह ने पूछा—लालाजी की हत्या का घाव हर नौजवान को साल रहा है, क्या अहिंसा के सिद्धांत से प्रभावित होकर अंग्रेज भारत छोड़ देंगे? एक प्रचंड धक्का तो देना ही होगा।

गांधीजी जो इस अधिवेशन में नहीं आना चाहते थे, कलकत्ते के समीप सोदपुर आश्रम पहुँच गए थे। उनके भाषण को नमक-मिर्च मिलाकर गांधीजी तक पहुँचा दिया गया था। गांधीजी ने जवाहरलाल नेहरू को तत्काल आकर मिलने का संदेश भेजा। शरदबाबू ने बताया कि गांधीजी को खबर भेजी गई है कि अधिवेशन के टिकट बेचने में बोस बंधुओं ने भारी गोलमाल किया है।

शीघ्र ही कलकत्ता में कांग्रेस का अधिवेशन होनेवाला था। नवयुवकों की संख्या पहली बार इतनी अधिक थी। इस अधिवेशन का आकर्षण था दो हजार युवक-युवतियों का सैनिक वेश में अनुशासनबद्ध संचलन, जिसकी तैयारियों को पुलिस कमिश्नर टेगार्ट शंकित होकर देखता था। सुभाष इस दल के कमांडर इन चीफ के रूप में एक घोड़े पर थे। पीछे एकदम सफेद चौंतीस घोड़ों पर सवार सैनिक अध्यक्ष मोतीलालजी व स्वरूपरानी का रथ खींच रहे थे। यह भव्य शोभायात्रा अविस्मरणीय थी। प्रवेशद्वार पर गांधीजी को देखकर मोतीलालजी अदब से उतर गए; सुभाषबाबू ने घोड़े से उतरकर उन्हें सलाम किया। कस्तूरबा को माँ कहकर झुककर सलाम किया। कस्तूरबा ने आशीर्वाद स्वरूप उनके सिर पर हाथ रखा, पर गांधीजी का कठोर चेहरा देखकर हाथ हटा लिया। गांधीजी ने पूछा, यह स्वाँग किसलिए? उन्होंने उत्तर दिया, बापू, इससे युवकों में अनुशासन व स्वाभिमान की वृत्ति का विकास होता है। गांधीजी 'नेहरू संविधान' को पास कराने के अपने संकल्प

पर दृढ़ थे। गांधीजी की बातें नेहरूजी को बेध गईं, उन्होंने कहा, गांधीजी के प्रस्ताव का विरोध करने की मुझमें शक्ति नहीं है। युवावर्ग सुभाष से पूछ रहा था कि गांधीजी के दबाव में संपूर्ण स्वराज्य के प्रस्ताव को क्यों छोड़ दिया जाए? स्थिति संकटपूर्ण थी।

सुभाष बोस अंग्रेजों से समझौता करने के पक्ष में नहीं थे। उनकी मान्यता थी कि अंग्रेजों से समझौता करने में भारत को सदैव हानि ही उठानी पड़ी है। इसीलिए जब गांधीजी ने औपनिवेशक स्वराज्य का प्रस्ताव पढ़ा, उन्होंने औपनिवेशिक स्वराज्य के प्रस्ताव को ठुकराकर पूर्ण स्वाधीनता की माँग रखने का संशोधन प्रस्ताव रखा था। जवाहरलाल नेहरू उनके समर्थन में थे। सुभाष ने कांग्रेस के खुले अधिवेशन में अध्यक्ष मोतीलाल नेहरू से पूछा था कि क्या आपको विश्वास है कि अगले वर्ष आपको औपनिवेशिक स्वराज्य प्राप्त हो जाएगा? पं. मोतीलाल नेहरू ने अपने भाषण में स्पष्ट कहा था कि उन्हें ऐसा कोई विश्वास नहीं है। ब्रिटिश शासन को स्पष्ट कर दिया जाए कि हमारा आप पर से पूरी तरह विश्वास उठ गया है। सुभाष का संशोधन प्रस्ताव पारित हो जाता, किंतु कुछ कांग्रेसियों ने प्रचारित किया कि यदि संशोधन प्रस्ताव पारित हो जाता है, तो गांधीजी राजनीति से संन्यास ले लेंगे। सुभाष ने भविष्यवाणी की कि भविष्य में शीघ्र ही कांग्रेस को पूर्ण स्वाधीनता का विकल्प अपनाना होगा। ठीक एक वर्ष बाद दिसंबर 1929 के लाहौर अधिवेशन में जवाहरलाल नेहरू ने घोषणा की कि नेहरू रिपोर्ट के अंतर्गत जो औपनिवेशिक स्वराज्य का लक्ष्य निधारित किया गया था, उसे कांग्रेस सर्वसम्मति से रद्द करती है। उसके स्थान पर पूर्ण स्वराज्य का लक्ष्य घोषित करती है। इस अधिवेशन में सुभाष ने कांग्रेस के स्वयंसेवक सेना के जनरल ऑफिसर कमांडिंग की प्रभावशाली भूमिका निभाई, जो मानो उनके आजाद हिंद फौज के नायक होने की पूर्व सूचना थी। गांधीजी की जीत हुई थी, फिर भी वे सुभाष से आतंकित थे। मोतीलालजी ने गांधीजी को जवाहर को साथ लेकर आगे बढ़ने की सलाह दी। मोतीलालजी का कर्णमंत्र गांधीजी पर असर करता दिखाई दिया। उन्हें याद आया कि बैरिस्टर जिन्ना को वे कांग्रेस से बाहर कर चुके थे, अब वह मुसलिम लीग में सिमटकर रह गया था। गांधीजी ने नेहरू और सुभाष की मित्रता में फाँक डाल दी थी।

सुभाष के उग्र भाषणों से गांधी-समर्थकों में विरोध के स्वर उठने लगे थे। लॉर्ड इरविन ने इंग्लैंड से लौटकर औपनिवेशिक स्वराज्य के विषय में कोई सकारात्मक घोषणा नहीं की। वायसराय का कहना था कि नेताओं ने औननिवेशिक स्वराज्य के लिए कोई चर्चा ही नहीं की। बंगाल गर्वनर स्टेनले जैक्सन ने बंगाल में विधान परिषद् के चुनावों की घोषणा कर दी थी। सुभाष इस सुनहरे अवसर का लाभ उठाने के लिए अपने साथियों के साथ चुनाव प्रचार-अभियान में जुट गए। पूरे बंगाल में सभाएँ आयोजित कर ओजस्वी भाषणों से जनता में अपना समर्थन जुटाया। उधर 15 जुलाई, 1929 को कांग्रेस कार्यकारिणी ने दिल्ली के विधान परिषद् के सदस्यों को औपनिवेशिक स्वराज्य न मिलने के विरोध में त्याग-पत्र देने का आदेश दिया। 26 जुलाई, 1929 को इलाहाबाद

में हुई अखिल भारतीय कांग्रेस समिति की सभा में निर्णय सुनाते हुए पं. मोतीलाल नेहरू ने सभी प्रांतीय नेताओं से विधान-परिषद् की सदस्यता का त्याग करने की प्रार्थना की। सुभाषबाबू ने इसका विरोध करते हुए कहा कि अंदर रहकर ही हम ब्रिटिश शासन को कमजोर बना सकते हैं, बाहर रहकर नहीं। परिणामत: अगला अधिवेशन होने तक विधान परिषद् त्याग का कार्यक्रम निरस्त हो गया। सुभाषबाबू को ब्रिटिश सरकार अपना घोर शत्रु मानती थी, गांधीजी के अनुयायी भी उन्हें शत्रु ही मानते थे।

सुभाषबाबू के ओजस्वी भाषणों का प्रभाव था कि देश भर में युवकों के देशसेवा का कार्य नियोजित रूप से करने के लिए राजनैतिक संगठन बनाए गए। सशस्त्र क्रांति, राजनैतिक दाँवपेंच, सत्याग्रह आदि अनेक मार्गों से भारत स्वतंत्रता के लक्ष्य की ओर बढ़ रहा था। लाहौर षड्यंत्र केस में गिरफ्तार सरदार भगतसिंह, बटुकेश्वर दत्त व यतींद्रनाथ दास पर सरकार क्रूरतम अत्याचार कर रही थी, जिससे देश क्षुब्ध था। देश में स्थान-स्थान पर सभाएँ हुईं। कलकत्ता में सुभाषचंद्र बोस के नेतृत्व में एक जुलूस निकाला गया, भवानीपुर पहुँचने पर सुभाष सहित सबको गिरफ्तार कर लिया गया। इस बीच यतींद्रनाथ दास की लाहौर कारावास में इकसठ दिन के अनशन के बाद मृत्यु हो गई। सुभाष ने उनके शव को कलकत्ता लाने का प्रबंध और प्रत्येक स्टेशन पर सम्मान देने के निर्देश किए। बंगाल में पूर्ण सम्मान के साथ उनका अंतिम संस्कार हुआ। देशबंधु के पश्चात् कलकत्ता में यही इतनी विशाल शवयात्रा देखी गई। सुभाषचंद्र और बैरिस्टर सेनगुप्ता कलकत्ता में रात भर शव के पास बैठे रहे और नंगे पाँव शवयात्रा में शामिल हुए।

देश भर में युवा संगठनों की बाढ़ आ गई थी। सुभाषबाबू उनके प्रेरणास्रोत थे। 'नौजवान भारत सभा' की अध्यक्षता के लिए सुभाष अक्तूबर 1929 को यतींद्रनाथ दास के भाई किरणचंद्र दास के साथ अमृतसर पहुँचे। डॉ. किचलू ने उनका हार्दिक स्वागत किया। यहाँ उन्होंने संपूर्ण एशिया की जागृति का नारा दिया। भारत के साथ-साथ संपूर्ण एशिया भी स्वतंत्रता की दिशा में बढ़ रहा था। लाहौर में वे सरदार भगतसिंह व बटुकेश्वर दत्त से मिले। जालंधर, लुधियाना, अंबाला, मेरठ, दिल्ली की यात्रा करते हुए तथा डॉ. अंसारी व विट्ठलभाई पटेल जैसे नेताओं से मिलते हुए नवंबर में मध्य प्रांत के युवक सम्मेलन की अध्यक्षता के लिए नागपुर आमंत्रित हुए। यहाँ उन्होंने कहा कि युवक असंतोष का उपयोग रचनात्मक कार्यों में किया जाना चाहिए। स्वतंत्रता के बिना उन्नति संभव नहीं है, अत: आत्मोत्थान के लिए स्वतंत्रता की इच्छा स्वयं व देश में उत्पन्न करें। नागपुर से वे अमरावती पहुँचे, जहाँ उन्होंने देश के लिए क्रांति की आवश्यकता बताते हुए क्रांति की व्याख्या की। क्रांति का अभिप्राय देश के विकास की द्रुतगामी प्रक्रिया से है।

अक्तूबर 1929 को तत्कालीन वायसराय लॉर्ड इरविन ने घोषणा की कि अंग्रेजी शासन औपनिवेशिक स्वराज्य देने का इच्छुक है। शीघ्र ही इंग्लैंड में एक गोलमेज परिषद् का आयोजन किया जाएगा। कांग्रेस ने तत्काल सर्वदलीय समिति की बैठक आयोजित कर वायसराय के समर्थन

में घोषणा-पत्र जारी किया। इस पर सुभाषबाबू ने कांग्रेस की इस नीति के विरोध में घोषणा-पत्र जारी किया, जिस पर डॉ. विचलर व प्रो. अब्दुल बारी ने भी हस्ताक्षर किए।

दिसंबर 1929 को कांग्रेस का वार्षिक अधिवेशन लाहौर में हुआ, जिसमें एक वर्ष पूर्व अस्वीकृत सुभाष के पूर्ण स्वराज्य के प्रस्ताव को पारित किया गया। इस अधिवेशन में सुभाष ने एक समानांतर सरकार गठन का व श्रमिकों, किसानों व युवकों के संगठनों को कांग्रेस द्वारा नेतृत्व दिए जाने का प्रस्ताव रखा। समानांतर सरकार के प्रस्ताव से गांधीजी चौंक गए। उन्होंने उत्तर देते हुए कहा—मैं भले ही बूढ़ा हो गया हूँ, घुड़सवारी नहीं कर सकता, पर मैं घोड़ा दौड़ा सकता हूँ, क्योंकि घोड़े की लगाम मैंने जवाहर के हाथ में दी है। सुभाष की समानांतर सरकार बहुत जल्दबाजी है। जवाहर के हाथ में राष्ट्र सुरक्षित है। सुभाष शीघ्र समझ गए कि युवा-पीढ़ी को समझाने के लिए कागज-पत्रों में संपूर्ण स्वतंत्रता कांग्रेस का ध्येय होगा। उन्होंने कांग्रेस की उस नीति का विरोध किया, जिसमें इरविन को बम-प्रहार से बच जाने के लिए बधाई भेजी थी।

यह अधिवेशन जवाहरलाल नेहरू की अध्यक्षता में हुआ। लाला लाजपत राय की शहादत के बाद यह लाहौर का अधिवेशन था, जो रावी नदी के तट पर दो सौ एकड़ क्षेत्र में बसाए गए लाला लाजपतराय नगर में संपन्न होना था। मोतीलाल नेहरू पुत्र-मोह में सुभाष की चमक कम करना चाहते थे। गांधीजी की अपनी नीति थी। पूरा दिन बीत गया, युवक कांग्रेस का अधिवेशन या बैठक भी नहीं हुई थी। सुभाष नेहरू के पास पहुँचे। गांधीजी ने कहा, अब तो देश की बागडोर नेहरू के हाथ में सौंप रहा हूँ और संपूर्ण स्वराज्य का प्रस्ताव भी प्रस्तुत करनेवाला हूँ। सुभाष ने कहा, चौवालीस वर्ष के बाद भी कांग्रेस का दामन खाली है। सीधे संघर्ष में महात्माजी रुकावट डाल सकते हैं। नेहरू बोले, गांधीजी पर दोषारोपण के क्या प्रमाण हैं? सुभाष ने प्रश्न किया—सरदार वल्लभभाई का हक मारकर आपको क्यों अध्यक्ष बनाया गया है? न आने की शपथ लेकर भी महात्माजी कलकत्ता अधिवेशन में कैसे पहुँच गए? जवाहरलालजी आहत होकर बोले, मुझे जबरदस्ती अध्यक्ष बनाया गया है।

गांधीजी ने अधिवेशन के आरंभ में ही लॉर्ड इरविन पर बम-प्रहार के विरोध में प्रस्ताव पेश किया। सुभाषबाबू ने प्रस्ताव का विरोध करते हुए कहा—महात्माजी को वायसराय की ही चिंता क्यों है? 'यंग इंडिया' में असंख्य विषयों पर लिखते हुए क्या जतीनदास के लिए शोकसूचक दो-चार शब्द नहीं लिख सकते थे। गांधीजी को इस प्रस्ताव पर मतदान कराना पड़ा। यह प्रस्ताव 942 मतों से पारित तो हो गया, पर विरोध में 794 मत पड़े, जो महात्माजी के एकच्छत्र राज्य के लिए चिंता का विषय थे। सुभाष का यह संशोधन प्रस्ताव भी अस्वीकृत हो गया।

अधिवेशन के दूसरे दिन नई कार्यकारिणी के चुनाव के लिए बैठक हुई। सूची बनानेवाले थे मोतीलाल नेहरू और जमनालाल बजाज। दोनों ही सूचियों में सुभाषचंद्र व उनके साथियों के नाम गायब थे। विशाल बंगाल प्रांत के अंतर्गत पूर्व व पश्चिम बंगाल से लेकर असम व नागालैंड

सम्मिलित था। उस प्रांत के अध्यक्ष का नाम न होना दुराग्रह व दुस्साहस की चरम सीमा थी। मोतीलाल नेहरू ने अपने मित्र बैरिस्टर सेनगुप्ता को कार्यकारिणी में रखना अपनी प्रतिष्ठा का प्रश्न बना लिया था, जो गांधीजी को मानना पड़ा। ब्रिटिश गुप्तचर सुभाष की इस पराजय से प्रसन्न थे, क्योंकि उन्हें गांधीजी नहीं, सुभाष अपने शत्रु नजर आते थे। सुभाष इससे अप्रसन्न थे। वे कांग्रेस को बिखरने नहीं देना चाहते थे। नेहरूजी को गांधीजी के रूप में स्वयं एक सुरक्षित कवच मिल गया था।

सुभाष ने इस अधिवेशन के मंच से ही 'डेमोक्रेटिक' पार्टी की स्थापना की घोषणा कर दी, जिसका गठन कांग्रेस की एक नई शाखा के रूप में किया जाना था। लाहौर अधिवेशन में ही कांग्रेस ने 26 जनवरी को स्वाधीनता दिवस के रूप में मनाने की घोषणा की थी, अत: अधिवेशन से लौटकर सुभाषबाबू ने स्वाधीनता दिवस की तैयारियाँ शुरू कर दीं। 9 जनवरी, 1930 को कलकत्ता के हाजरा पार्क में एक विशाल सभा आयोजित कर नागरिकों को 26 जनवरी स्वाधीनता दिवस के रूप में मनाने की प्रेरणा दी। अखिल भारतीय ट्रेड यूनियन के अध्यक्ष के नाते श्रमिकों से भी शोषण से बचने के लिए स्वाधीनता संग्राम के लिए संघर्ष करने की अपील की।

पुलिस कमिश्नर टेगार्ट बंगाल को दुस्साहसी क्रांतिकारियों का एक विशाल छत्ता तथा सुभाष को उनका नेता समझता था। डॉयर को ब्रिटिश सरकार ने कोई फाँसी नहीं दी। ब्रिटिश जनता ने सत्कार ही किया। लाहौर पुलिस ने जैसे लाजपतराय पर डंडे बरसाए थे, वैसा ही टेगार्ड सुभाष के साथ करना चाहता था। कुछ दिन पूर्व ही उन्हें मालदा स्टेशन पर उग्र भाषण करने के अपराध में गिरफ्तार कर अलीपुर के केंद्रीय कारागार में भेज दिया था। वे बरहामपुर में राजनीति पीड़ित सभा को संबोधित कर जियागंज होते हुए मालदा लौटे थे। कारागार से छूटते ही 23 जनवरी उन्हें पुन: गिरफ्तार करके उनके जन्मदिन का तोहफा दिया। यह गिरफ्तारी अगस्त 1929 के जुलूस निकालने के मुकदमे के तहत हुई थी। सुभाषबाबू कलकत्ता में मेयर होने के नाते गरिमापूर्ण ढंग से स्वाधीनता दिवस मनाना चाहते थे। सुभाष दुखित थे कि गांधीजी उनके संघर्ष तेज करने की बात को क्यों नहीं सुनते। जनता तैयार है, पर नेता निर्णय नहीं ले पा रहे हैं। 25 जनवरी की रात को पुलिस का संदेश आया कि कल के जुलूस को स्थगित कर देने में ही आपका हित है। सुभाष के यह कहने के बाद ही कि मैं निषेधाज्ञा भंग करने के लिए कटिबद्ध हूँ। उनका घर चारों ओर से घेर लिया गया। बड़े पैमाने पर कार्यकर्ताओं की धर-पकड़ शुरू हो गई। सुभाषबाबू लापता थे। कलकत्ता हिल गया था।

टेगार्ट सुबह से ही मैदान में आ डटा था। दोपहर होते-होते शहर के महत्त्वपूर्ण स्थानों पर लोग जमा होने लगे। मैदान के एक ओर से एकाएक जयघोषों से आकाश गूँजने लगा। सुभाष तिरंगा लिये थे। लगभग डेढ़ हजार नौजवान शुभ्र खादी के वस्त्रों में उनके दोनों ओर चल रहे थे। सभी के हाथों में तिरंगे थे। इसके साथ ही नवयुवकों के जत्थे के जत्थे आते गए और शामिल

होते गए। ज्योतिर्मयी गांगुली के नेतृत्व में चार-पाँच सौ महिलाएँ खादी की साड़ी व तिरंगी चूड़ियाँ पहने सम्मिलित हुईं। सुभाषबाबू को सभी ओर से घेरकर रखा गया या। पुलिस आयुक्त का आदेश आया रुकने के लिए, पर जुलूस आगे बढ़ता गया। अचानक गोलियाँ चलने लगीं। बेंत बरसने लगे। चारों ओर से घोड़े सुभाषबाबू को लक्ष्य बनाकर आगे बढ़ रहे थे। टेगार्ट की इच्छा पूरी करने के लिए मानो वे कटिबद्ध थे। ज्योतिर्मयी गांगुली ने सुभाष का सिर अपनी गोद में ले लिया। बेंतों की मार उन पर पड़ने लगी। तभी कोई चिल्लाया—सुभाष को मार दिया और हजारों कार्यकर्ता सुभाष के पास जमा हो गए। पुलिस घायल व बेहोश सुभाष को चिकित्सा सुविधा न देते हुए कैदखाने की ओर ले चली। उनका दाहिना हाथ टूट गया था। सुभाष को छह माह के कारावास का दंड प्राप्त हुआ।

गांधीजी के नेतृत्व में लगानबंदी का आंदोलन गुजरात, संयुक्त प्रांत व बंगाल में सफलता के साथ चल रहा था, जिसने अंग्रेजों की नींद हराम कर दी थी। विदेशी माल के बहिष्कार को अद्‌भुत सफलता मिली। साठ से सत्तर हजार कार्यकर्ता जेलों में थे। अस्थायी बंदीगृहों की व्यवस्था करनी पड़ी थी। विश्व संघर्ष की इस शैली से प्रभावित था। इससे विवश वायसराय ने गांधीजी से महीने भर वार्त्ता की। दिल्ली में समझौता हो जाने का समाचार प्रसारित हुआ। समझौते में स्वतंत्रता का उल्लेख नहीं था। केवल दूसरे गोलमेज सम्मेलन का शाही आमंत्रण और सत्याग्रहियों पर पुलिस की मार की जाँच का ओदश था। शरदबाबू बोले—गांधीजी संघर्ष में जीते, पर समझौते में हार गए। गांधीजी के आह्वान पर इतनी जनता सम्मिलित हुई। उस विशाल पैमाने की राजनीति की ऐसी पराजय नहीं होनी चाहिए थी। जिन स्वयंसेवकों पर हिंसाचार के आरोप हैं, उन्हें सरकार नहीं बख्शेगी। हिंसाचार का अर्थ भी सरकार ही निश्चित करेगी। सत्याग्रहियों के कितने परिवारों का सर्वनाश हुआ, उसका अनुमान लगाना आज संभव नहीं है।

गांधी-इरविन समझौते से खिन्न सुभाषबाबू के मन को कराची अधिवेशन में इसकी क्या प्रतिक्रिया होगी, जैसे प्रश्न मथ रहे थे, जिससे निजात पाने के लिए वे मणिभवन, बंबई पहुँच गए। गांधीजी से पूछा, आपके इस समझौते से भगतसिंह आदि का क्या होगा? गांधीजी भगतसिंह की लोकप्रियता का आकलन करने लगे। उन्होंने उत्तर दिया, मैं युग-युगांतर तक प्रतीक्षा करने को तैयार हूँ, पर हिंसा का प्रयोग नहीं होने दूँगा।

अगला कांग्रेस अधिवेशन कराची में था। गांधीजी और सुभाष, दोनों ही मुंबई सेंट्रल स्टेशन से दिल्ली के लिए फ्रंटियर मेल में बैठे। गांधीजी के तीसरी श्रेणी के डिब्बे में भारी भीड़ थी। कीर्तन की भाँति 'गांधी महाराज की जय' का घोष गूँज रहा था। सुभाष और किरणशंकर प्रथम श्रेणी में बैठे थे। सुभाष को संतोष था कि इस बार वल्लभभाई जैसे मजबूत व्यक्ति अध्यक्षता करनेवाले थे। बारदोली सत्याग्रह सफल करके वे अपने को सफल नेता सिद्ध कर चुके थे। गांधीजी ने पक्षपात करते हुए जवाहरलाल की स्तुति की कि उनके हाथों में राष्ट्र सुरक्षित है। सुभाष सोच रहे थे कि

राष्ट्र बनने और जनता के राष्ट्र का स्वरूप समझने के पहले ही इस स्तुति का क्या औचित्य है? समझौते का हृदयहीन प्रावधान सभी देशप्रेमी क्रांतिकारियों के लिए फाँसी का फंदा मजबूत करता आ रहा है। गाँव-गाँव से रेला आता और महात्मा गांधी का जयघोष करता।

आखिर सुभाष उतरकर गांधीजी के डिब्बे में गए। कहने लगे, अहिंसा का विश्वव्यापी दर्शन मानवमात्र के लिए कल्याणकारक है, पर हमारी राजनैतिक प्रगति में अवरोध उत्पन्न कर रहा है। सुभाष ने यह भी कह दिया कि आपके स्थान पर यदि मैं इरविन से समझौता करता तो देश के लिए कुछ-न-कुछ महत्त्वपूर्ण बातें अवश्य मनवा लेता। आगरा स्टेशन पहुँचते ही झुंड-के-झुंड लोग प्रार्थना करने लगे—गांधीजी, भगतसिंह और उनके साथियों के प्राण बचाएँ। इन तीनों की फाँसी का सवाल जनता का सवाल था। दिल्ली में सर्वत्र यही प्रश्न और भय व्याप्त था। जवाहरलाल संभ्रमित अवस्था में थे। उन्होंने विदेशी पत्रकारों से कहा कि इरविन के समक्ष गांधीजी ने आत्मसमर्पण कर दिया और सुभाष से कहा कि दिल्ली समझौते से हमें काफी कुछ मिला। सुभाष ने नेहरूजी से पूछा, क्या यह आपका अपना मत है बड़े भाई? सुभाष के मत में गांधीजी ने निंदनीय समझौता करके विश्व में हमारे आंदोलन की कीमत गिरा दी। इरविन को क्या मिला? इस प्रश्न पर उन्होंने कहा कि देशभक्तों की निर्दय बलि चढ़ाकर जनमानस में गांधी की छवि मलिन करने का मौका मिला है। जब राजेंद्रबाबू, पटेल, जवाहरलाल, सभी भगतसिंह की जान बचाने की प्रार्थना कर रहे थे तो गांधीजी का उत्तर था—समझौते की पवित्रता का पालन करना भी तो महत्त्वपूर्ण है।

सुभाषबाबू की प्रतिक्रिया थी कि समझौते के शब्द कोई ब्रह्मवाक्य नहीं हैं। आप समझौता भंग भी कर सकते हैं। ऐसे समझौते कई बार तोड़े गए हैं। गांधीजी ने दबाव को देखते हुए दस हजार लोगों के हस्ताक्षरों के साथ एक निवेदन-पत्र इरविन को सौंप दिया कि इस विषय में जल्दबाजी में कोई निर्णय न लें। तभी ब्रिटिश शासन ने भगतसिंह और उनके साथियों के विषय में शीघ्र निर्णय लेने का अपना क्रूर दाँव खेला। 23 मार्च की रात को ही महान् देशभक्तों को लाहौर कारागृह में फाँसी देकर उनके देह को भी वहीं जलाकर उनकी राख को रातोरात सतलुज में बहा दिया। कराची की ओर जानेवाली ट्रेन के स्टेशन पहुँचते ही झुंड-के-झुंड लोग जमा होने लगे। गांधी वापस जाओ। गांधी ने क्या किया? भगतसिंह को फाँसी दी। 'गांधी मुर्दाबाद व भगतसिंह जिंदाबाद' के नारे लगाती प्रदर्शनकारी भीड़ एकत्र हो गई। कराची में लाल कुरतेवाले 'भारत नौजवान सभा' के सदस्यों ने गांधीजी को काले फूल समर्पित किए। कराची के विस्फोटक माहौल में युवकों की भीड़ सुभाष के शिविर के पास ही लगी रहती, जिससे गांधीजी के अनुयायी आचार्य कृपलानी और राजाजी को गांधीजी का यह अपमान सुभाष की ही कारगुजारी प्रतीत हुआ। गांधीजी ने कराची अधिवेशन के भाषण में भी यही कहा कि मुझे नहीं लगता कि समझौते में मुझसे कोई भूल हुई है। मैं जिन सिद्धांतों के लिए लड़ रहा हूँ, उन्हें तुम्हारे हाथों नष्ट नहीं होने दूँगा। सुभाष ने समझा कि महात्माजी स्वतंत्रता की लड़ाई के बदले सिद्धांतों की लड़ाई लड़ रहे हैं।

कराची अधिवेशन के अध्यक्ष वल्लभभाई ने अपने तर्कसम्मत और संक्षिप्त भाषण में किसानों की समस्याओं पर बल दिया। कांग्रेस मंडप से थोड़ी दूर पर रातोरात नौजवान सभा ने एक दूसरा मंडप खड़ा कर दिया था। देश भर के युवकों ने एक स्वर से अध्यक्ष पद के लिए सुभाष का चयन किया। उन्होंने भाषण में न्याय, समता, स्वतंत्रता के साथ ही अनुशासन और प्रेम के महत्त्व पर बल दिया। उन्होंने कहा—हमें पूर्ण स्वतंत्रता और स्वतंत्रता के बाद समाजवादी गणराज्य चाहिए। क्रांतिकारी आंदोलन के बिना स्वराज्य प्राप्ति संभव नहीं है। कांग्रेस के ध्येय और नीति में ढीलापन तथा लज्जाजनक गुटबंदी है। अपने कार्यक्रम के विषय में बताया कि वे किसान-मजदूरों का संगठन, साथ ही नौजवानों का अनुशासित संगठन बनाने के पक्ष में हैं। घातक जातिप्रथा की समाप्ति कर समाज को अंध विश्वासों तथा अनाचार से मुक्त किया जाना आवश्यक है। स्त्रियों का सर्वांगीण विकास व ब्रिटिश माल का बहिष्कार किया जाए। भगतसिंह हमारी प्रेरणा-ज्योति है। समझौते के विषय में उन्होंने कहा कि निंदनीय समझौता करने में जिनका हाथ है, उनकी देशभक्ति पर मुझे कण भर भी शंका नहीं है, परंतु आगे संघर्ष का अवसर आने पर जनता को चेतनाहीन बनाने व मदांध ब्रिटिश सत्ता को मजबूत बनाने की घातक राजनीति को तुरंत रोकने की जरूरत है। भारतभूमि पर क्रांति की ऐसी ज्वाला जलनी चाहिए, जिसके विस्फोट से विश्व के समस्त साम्राज्यवादियों की अत्याचारी दीवारें भड़भड़ाकर धराशायी हो जाएँ। कांग्रेस संपूर्ण देश का नेतृत्व व प्रतिनिधित्व करनेवाली संस्था थी। अत: कांग्रेस के ही नेतृत्व नें ब्रिटिश सरकार से सत्ता छीनने के लिए प्रयत्न करने को कहा।

कराची अधिवेशन समाप्त कर कलकत्ता लौटकर सुभाषबाबू एक बार फिर कलकत्ता नगर निगम को सक्रिय व कुशल बनाने व पिछड़े हुए काम करने में जुट गए। देश के व्यापारियों, उद्योगपतियों, अर्थशास्त्रियों तथा राष्ट्रीय कार्यकर्ताओं में समन्वय स्थापित करने और विदेशी वस्तुओं के प्रयोग को निरुत्साहित करने के उद्देश्य से उन्होंने 'स्वदेशी-परिषद्' नामक संस्था स्थापित की।

आज मैदान पर दो लाख जनता की सभा जुटी थी। गोलमेज सम्मेलन से लौटने पर जनता ने गांधीजी के अभिनंदन में यह सभा आयोजित की थी। गांधीजी ने बताया कि उन्हें पहले से अंदाज था कि मैं लंदन से खाली हाथ लौटूँगा। बैरिस्टर नरीमन और सुभाष का विचार था कि गांधीजी भारत के प्रतिनिधि के रूप में नहीं अपितु मानवता के पुजारी के रूप में लंदन गए थे। यही उनकी असफलता का कारण है। वे महात्मा और राजनीतिज्ञ की भूमिकाओं में भटकते रहते हैं और इसी से यह गड़बड़ हो जाया करती है। कांग्रेस कार्यकारिणी की बैठक बुलाई गई, जिसके लिए बंबई आ रहे जवाहरलाल को गिरफ्तार कर लिया गया। उत्तर-पश्चिम सीमा प्रांत के 'खुदाई खिदमतगार' नेता गक्कार खान भी गिरफ्तार हुए। नए वायसराय का रुख अत्यंत आक्रामक दिखता था। वह गांधी और कांग्रेस को हेय दृष्टि से देखता था। कांग्रेस को एक देश का दर्जा देने को वह इरविन की राजनीतिक भूल मानता था। अब वह ब्रिटिश सरकार के चापलूस राजे-रजवाडों, जमींदारों, नबावों,

दलालों को सम्मान देता था। चटगाँव शस्त्रागार कांड के सिलसिले में हरिपद भट्टाचार्य नामक सोलह वर्षीय बालक के हाथ-पैर काट दिए। पिता को पीटा और उसके नवजात भाई को पैरों तले रौंद डाला। यह उसकी क्रूरता का नमूना था।

16 सितंबर, 1931 को पुलिस ने हिजली में नजरबंद कैदियों पर गोली चला दी। 28 अक्तूबर, 1931 डूर्नो हत्याकांड के सिलसिले में घरों में घुसकर लूटपाट व निरपराध व्यक्तियों पर गोलीबारी की गई। इस अत्याचार के विरोध में सुभाष, जे.सी. गुप्ता व हेमेंद्रनाथ दासगुप्ता के नेतृत्व में एक अशासकीय जाँच समिति ढाका के लिए रवाना हुई, जहाँ उन्हें गिरफ्तार कर लिया गया। ब्रिटिश शासन का दमनचक्र बढ़ता गया, सुभाष उनकी कटु आलोचना करते रहे।

23 सितंबर, 1931 को पूना में एक युवक समारोह की अध्यक्षता में भाषण देते हुए सुभाषबाबू ने कांग्रेस कार्यकारिणी से असहयोग आंदोलन पुन: शुरू करने का प्रस्ताव पास कराया। लाहौर अधिवेशन के पश्चात् सुभाषबाबू को कांग्रेस की कार्यकारिणी में भी नहीं लिया गया था, पर गांधीजी ने गोलमेज सम्मेलन से असफल लौटते ही जवाहरलाल व सुभाषबाबू को बंबई बुलाया। वहाँ सुभाषबाबू को व दूसरे दिन महात्मा गांधी व पटेल को गिरफ्तार कर लिया गया। सुभाष को कल्याण से सिवनी, सिवनी से जबलपुर, जबलपुर से मद्रास स्थानांतरित किया जाता रहा। मद्रास जेल में उनकी मुलाकात अखिल भारतीय ट्रेड यूनियन के सेक्रेटरी मुकुंदलाल सरकार से हुई। सुभाषबाबू का 80 पौंड वजन कम हो गया था, फिर भी अध्ययन जारी रहा। कैदियों की कक्षाएँ लगाते रहे। समाजवादी साहित्य का अध्ययन कर उन्होंने स्वतंत्र भारत में भारतीय आदर्शों के अनुरूप 'हिंदुस्तान साम्यवादी संघ' की स्थापना की योजना बनाई। वे रूस-चीन के साम्यवादी ढाँचे के विरुद्ध थे।

सुभाषबाबू को बंबई से कलकत्ता लौटते हुए कल्याण रेलवे स्टेशन पर गिरफ्तार कर लिया गया था। सिवनी के एकदम सुनसान व वीरान मध्यकालीन कारागृह में सुभाष को रखा गया। यहाँ की लू तथा भयंकर गरमी, सिर पर तपती हुई पतरे की छत, न खिड़की न दरवाजा, न कोई देखभाल। शरीर को चुभनेवाली टूटी खाट, पढ़ने के लिए पुस्तकें भी नहीं। बीच-बीच में जेलर की सूचनाएँ कि गांधीजी और देश भर के सभी सहकारियों को गिरफ्तार कर लिया गया है। कांग्रेस दल अवैध घोषित हो गया है। देश भर के कार्यालयों पर ताले पड़ गए हैं। कोष और सभी कागजपत्र जप्त कर लिये गए हैं। सर्वत्र कार्यकर्ताओं की धरपकड़ जारी है। मांडले की जेल जैसी असह्य वेदना की अनुभूति हो रही थी। कमर और पेट में मरोड़े उठतीं।

एक दिन मेजदा भी सामने आकर खड़े हो गए। उन्हें भी गिरफ्तारी का कारण बताए बिना, कोर्ट में पेश किए बिना बेमुद्दत काल के लिए, जब वे बिहार में थे, बंदी बना लिया गया था। मांडले जैसी भयानक एकांत की पुनरावृत्ति में मेजदा का साथ अपार सुख दे गया। यह सुख दूसरे ही क्षण भयंकर चिंता दे गया। मेजदा यहाँ है, वहाँ विशाल परिवार, नौकर-चाकर, बच्चों और बाकी सब का क्या हो रहा होगा? मेजदा सरकार को लगातार पत्र लिखते रहे, पर कोई उत्तर नहीं मिला।

एक दिन सबेरे-सबेरे विभावती सिवनी पहुँचीं। उनको देखकर दोनों भाइयों के कलेजे दहल गए। विभावती ने बताया, शरद बाबू के गिरफ्तार होते ही पुलिस ने ताला डलवा दिया। सारे घर की तलाशी ली। शरदबाबू ने पूछा, घर की व्यवस्था कैसे चलती है? हमारे विद्यार्थियों के वजीफे का क्या हुआ? विभावतीजी ने बताया, अनेक विद्यार्थियों ने छोटे-मोटे काम ढूँढ़ लिये हैं! आधे वजीफे से ही काम चलाते हैं। बदली हुई परिस्थिति में नौकर-चाकर भी देवताओं सा व्यवहार कर रहे हैं? भाभी बहुत कुछ बताना चाहती थी कि ज़मादार ने आकर कहा, मिलने का समय समाप्त हो गया है। उठते हुए विभावती बोलीं, मैं दिल्ली जाकर वायसराय से मिलूँगी। आप लोगों को कानूनी अधिकार व सुविधाएँ दिलाए बिना नहीं रहूँगी। भाभी से मिलकर विषाद गहरा हो गया। पेट और कमर का दर्द बढ़ गया। असह्य वेदना में मेजदा को कष्ट होगा, सोचकर कराहने से भी डरते थे।

गरमी की तपन में सुभाषबाबू का रोग बढ़ता रहा। शरदबाबू जेलर से इजाजत लेकर स्वयं मांड बनाते व चम्मच से पिलाते। एक दिन सुभाष ने मांड व पानी तक पीने से इनकार कर दिया। शरद बाबू व्यथित होकर विह्वल स्वर में पूछने लगे—सच-सच बता, क्या बात है? सुभाष ने कहा, आप स्वयं इतने बीमार हैं। मुझसे छिपाकर इंसुलिन का इंजेक्शन लेते हैं और मेरी सेवा करते हैं। दोनों भाइयों में अटूट प्रेम था। सुभाषबाबू को सिवनी, जबलपुर व मद्रास जेलों में भेजा गया। विभावती गृहसचिव मॉरिस हेलेट से मिलीं। उन्हें बताया, मेरे देवर क्षयरोग और पेट की पीड़ा से व्यथित हैं। राजबंदी हैं। सुभाषचंद्र बोस नाम सुनते ही हेलेट को झटका लगा। उनकी फाइल मँगवाई, देखकर बोला—मैडम, मैं आपकी कोई मदद नहीं कर सकता। 'यह उत्तर सुनने के लिए तो मैं कलकत्ते से यहाँ नहीं आई हूँ। पित्ताशय और क्षय रोग ने उन्हें बेदम कर रखा है।' 'हम उनके स्वास्थ्य का विशेष ध्यान रखेंगे।' 'क्या ध्यान रखेंगे? सिवनी और जबलपुर की जेलों में टीन शेड में रखे हुए हैं, जहाँ जानवर भी बाँध दें, तो उनकी भी खाल उधड़ जाए।' हेलेट ने कहा, 'उपचार के लिए हम उन्हें मद्रास भेज देते हैं।' विभावती बोलीं, 'खर्च हम करेंगे, आप बंगाल के ही किसी जेल में स्थानांतरित कर दीजिए।' बंगाल के गवर्नर ने उन्हें बंगाल से बाहर रखने की सख्त हिदायत दी थी। विभावती ने फिर कहा, 'मुंबई भेज दीजिए, वहाँ मेरे देवर शैलेश रहते हैं।' फाइल के अनुसार उन्हें मुंबई भेजना खतरनाक था। विभावती ने पंजाब में डलहौजी भेजने की बात कही। गृहसचिव ने कहा, 'कोई भी प्रांत का गवर्नर आपके देवर को स्वीकार करने को तैयार नहीं है, विभावती—'आप उन्हें जीने भी नहीं देते और मृत्यु का दोष भी अपने सिर नहीं लगने देना चाहते।' गृहसचिव ने सलाह दी—'यदि आप विदेश में उपचार कराना चाहें, तो हम अनुमति देने को तैयार हैं।'

विभावती के प्रयत्न से उन्हें स्विट्जरलैंड जाने की अनुमति मिल गई थी। सुभाषबाबू ने यूरोप जाने से पूर्व कवींद्र रवींद्र और गांधीजी से परिचय-पत्र चाहा। रवींद्रनाथ ने भावहीन कार्यालयीन पत्र जैसा पत्र दिया—श्री सुभाषचंद्र बोस यूरोप की यात्रा पर हैं, उन्हें यथोचित सहयोग दें। गांधीजी से उन्हें अधिक उम्मीद थी। अंतिम समय गांधी आश्रम के एक कार्यकर्ता ने संदेश दिया कि गांधीजी

ने कहा है कि तुम तो स्वयं तेजपुंज हो, तुम्हें सिफारिशी पत्र की क्या आवश्यकता? संदेश में छिपे मर्म को सुभाष ने अच्छी तरह समझ लिया।

सुभाष से मिलने शरदबाबू के तीनों बेटों, अशोक, अनिय, शिशिर के साथ विभावती व वासंती दास भी आईं। जबलपुर की सिवनी की तरह टीनशेड वाली चाल जैसी जेल को देखकर बासंती देवी भी क्षुब्ध थीं। जेलर ने कहा, 'इतने लोगों को मिलने की अनुमति नहीं है।' बासंती उसकी परवाह न करते हुए जेल के अंदर प्रविष्ट हो गई।' अस्थिपंजर सुभाष को देखकर व्याकुल हो गईं। सुभाष के मुख से भी 'माँ' कहकर एक हृदयविदारक हूक निकल गई। स्ट्रैचर पर बिठाकर सुभाषबाबू को लाया गया। मेजदा उन्हें देखकर फूट-फूटकर रोने लगे।

कलकत्ता मेल से सुभाषबाबू बंबई की ओर चल पड़े। मन में विचार घुमड़ रहे थे कि साबरमती में शांति है और बंगाल में ज्वाला। साबरमती की शांति कभी-न-कभी बंगाल को मिलेगी। पर बंगाल की ज्वाला साबरमती में कब भड़केगी? अंतत: मेल बोरीबंदर स्टेशन पर पहुँची। शैलेश को सुभाष से बात करने की इजाजत नहीं मिली। नगरपालिका की एंबुलेंस में उन्हें लेकर तीव्रगति से आर्थर रोड जेल की ओर चली गई। सुभाष को लेकर बहुत सतर्कता बरती जा रही थी।

जहाज के कप्तान से पूछताछ हुई। जहाज को रात को प्रस्थान करना था। एंबुलेंस सुबह ही बंदरगाह पहुँच गई। ब्रिटिशों को सुभाष पर तथा जनता को ब्रिटिश सरकार पर भरोसा नहीं था। कांग्रेस के सुभाष के साथी युवक कार्यकर्ता भी सुबह ही वहाँ पहुँच गए। स्ट्रैचर को एंबुलेंस से उतारते ही 'वंदे मातरम्' व 'सुभाषबाबू की जय' के नारे लगाने लगे। शैलेश सपरिवार व मामा दत्त बाबू भी एक ओर खड़े थे। उन्होंने शैलेश के बच्चों को इशारे से बुलाकर प्यार किया। पुलिस ने शैलेश को सुभाष से एकांत में बात नहीं करने दी। रात बारह बजे जब जहाज किनारा छोड़ने लगा, उन्हें बताया गया कि वे रिहा कर दिए गए हैं। सुभाषबाबू के जहाज में वकील मिश्रा नामक ब्रिटिश जासूस उनसे चिपका हुआ था। जब उनके भतीजे अशोक, जो यूरोप में ही थे, उन्हें लेने आए थे, तो वह जासूस उनकी ही टैक्सी में वियना जाने के लिए तैयार हो गया। सुभाष ने डाँटा— ब्रिटिश पुलिस के चमचे मूर्ख बनाने का धंधा बंद करो। ब्रिटिश दलाल सर्वत्र सुभाषबाबू के साथ साये की तरह लगे हुए थे।

ब्रिटिश सरकार ने इस क्रांतिकारी व्यक्ति से बचने के लिए उनके स्वास्थ्य खराब होने का लाभ उठाकर उन्हें ऑस्ट्रेलिया के वियना में भेज दिया। 11 मार्च, 1933 को वे फंथ सेनीटोरियम में भरती हुए। स्वास्थ्य लाभ के लिए वे चार वर्षों तक यूरोप में रहे। यहाँ रहते हुए भारत की आजादी के लिए विदेशों में एक अच्छा सद्भावनापूर्ण माहौल तैयार किया। वहाँ के राजनीतिज्ञों से चर्चा की। यूरोपीय देशों की स्थितियों का सूक्ष्म अध्ययन किया। यूरोपीय राजनीतिज्ञों व प्रवासी भारतीयों से मिले। भारतीय विद्यार्थियों के हृदयों में देश के आजादी के लिए चेतना का संचार किया।

सुभाषचंद्र बोस के स्वास्थ्य में दो महीने की प्राकृतिक चिकित्सा से कुछ सुधार हुआ। उन्होंने

वियना नगरपालिका की कार्यप्रणाली के अध्ययन के साथ जर्मन भाषा सीखना प्रारंभ किया। तभी उन्हें सूचना मिली कि विट्ठलभाई आराम के लिए अमेरिका से वियना आ रहे हैं। सुभाष उन्हें लेने स्टेशन पहुँचे। देशबंधु व विट्ठलभाई में प्रगाढ़ मित्रता थी। देशबंधु सुभाष को रत्न कहते थे। विट्ठलभाई को सुभाष के कार्यों की पूरी जानकारी थी। आते ही उन्होंने पूछा, अवज्ञा आंदोलन की प्रगति कैसी है? सुभाषबाबू ने बताया, एक लाख डेढ़ हजार देशभक्त जेलों में हैं, जिनमें हजारों स्वयंसेविकाएँ भी हैं। सुभाष से मिलकर और भावी स्वतंत्र भारत की उनकी कल्पना जानकर विट्ठलभाई उस रात अपार संतोष के भाव से सोए। दूसरे दिन अलस्सुबह सुभाषबाबू ने सूचना दी कि महात्मा गांधी ने सविनय अवज्ञा आंदोलन बिना शर्त वापस ले लिया है। विट्ठलभाई ने कहा—कहीं हमारा सेनापति उपवास करते-करते थक तो नहीं गया। आखिर तेरह वर्षों के संघर्ष का क्या फल मिला? दोनों ने मिलकर एक नया घोषग्रा-पत्र तैयार किया—'आज तक महात्मा गांधी ने देश के लिए गौरवपूर्ण कार्य किया है, किंतु अब वे संघर्ष की सफलता के मार्ग में अवरोध बन गए हैं। कांग्रेस का पुनर्गठन करके नेतृत्व में तत्काल परिवर्तन करना देश के लिए हितकारी सिद्ध होगा। अन्यथा कांग्रेस के अंतर्गत एक नए दल का गठन कर प्रबल संघर्ष करना होगा।'

वियना में ही सुभाषबाबू को भारत में कारागृह में बैरिस्टर सेनगुप्ता की मृत्यु का समाचार मिला। आस्ट्रिया में रह रहे भारतीयों ने सेनगुप्ता के निधन पर शोक सभा आयोजित की। तभी विट्ठलभाई व सुभाषबाबू ने लंदन में मुसलिम विद्यार्थियों की पाकिस्तान की माँग के बारे में सुना।

विट्ठलभाई ने ब्रिटिशों द्वारा भारत के विषय में फैलाई जा रही भ्रांति को दूर कर सही स्थिति विश्व के समक्ष रखने का प्रयास किया। विट्ठलभाई ने अमेरिका में 85 सभाओं में भाषण दिए, भारत का गौरव गान किया। इन दौरों को उनका क्षीण शरीर झेल नहीं सका, फलत: 22 अक्तूबर, 1933 में उनकी मृत्यु हो गई। मृत्यु-पूर्व उन्होंने अपनी संपत्ति देश-सेवा के लिए सुभाषबाबू के नाम कर दी। विट्ठलभाई की अंतिम इच्छा और अपनी योजना के अनुसार सुभाषबाबू ने भी एक वर्ष तक यूरोप का दौरा किया। अनेक महत्त्वपूर्ण व्यक्तियों से मुलाकात की। प्राग में म्युनिसिपल कॉरपोरेशन व विश्वविद्यालय की कार्यप्रणाली तथा संचालन व्यवस्था का अध्ययन किया। जेनेवा में 'राष्ट्रसंघ' का अध्ययन किया। एक विद्यार्थी समारोह में भाग लेने इटली पहुँचे, जहाँ मुसोलिनी ने उनका हार्दिक स्वागत किया। जर्मनी जाकर हिटलर से अनेक अंतरराष्ट्रीय विषयों पर चर्चा की। बाल्कन देशों में सोफिया, बुडापेस्ट, बुखारेस्ट, बेलग्रेड में भी भाषण दिए। 1933 में लंदन के एक समारोह में तृतीय भारतीय राजनीतिक सभा के अध्यक्ष के रूप में जाने का अवसर आया, परंतु उन्हें लंदन जाने की अनुमति नहीं मिली, उनकी अनुपस्थिति में उनका भाषण पढ़ दिया गया। उन्होंने कहा कि ब्रिटिश शासन को कर देकर आर्थिक दृष्टि से मजबूत न किया जाए। सेना, पुलिस, प्रशासकीय कर्मचारियों का सहयोग लेकर ब्रिटिश सरकार की दमनकारी नीति पर काबू पाया जाए। सशस्त्र आक्रमण द्वारा सत्ता हस्तगत की जाए। उनका महत्त्वपूर्ण ग्रंथ 'इंडियन स्ट्रगल' यूरोप में

चर्चित हुआ, पर भारत में प्रतिबंधित। जून 1934 को वियना में एमील शेंकील नामक ऑस्ट्रियन महिला से उनकी मुलाकात हुई। वह टाइपिंग, शॉर्टहैंड व अंग्रेजी जानती थीं। उन्होंने सुभाषबाबू की 'इंडियन स्ट्रगल' (1920-1934 तक के स्वतंत्रता संघर्ष का विवरण) पुस्तक के टाइपिंग आदि में सहायता की थी।

सुभाषबाबू का भारत आगमन प्रतिबंधित था। नवंबर 1934 को वियना में उन्हें अपने पिताजी की अस्वस्थता का समाचार मिला। वे तीन दिसंबर को कराची पहुँचे, जहाँ उनकी तलाशी ली गई। यहीं उन्हें पिता के देहावसान की सूचना मिली। उनके भाई शरद भी जेल में थे। पिता की मृत्यु के पश्चात् घर में ही नजरबंद रहे। बंगाल सरकार के प्रतिबंध के कारण एक माह घर में बंद रहने के पश्चात् 8 जनवरी, 1935 को पुनः इंग्लैंड रवाना होना पड़ा। यहाँ लंदनवासी भारतीयों ने उनका सत्कार किया। इस अवसर का लाभ उठाकर उन्होंने लंदनवासी भारतीयों को वस्तुस्थिति से अवगत कराते हुए देश में चल रहे मुक्ति संग्राम की जानकारी दी। मिस्र पहुँचकर मिस्र के मुक्ति संग्राम के विषय में जानकारी ली। मुस्तफा पाशा, मकरम आबिद आदि से मिलकर आजादी के विषय में चर्चा की। मार्च 1935 कांग्रेस समाजवादी पार्टी को कुछ निर्देश दिए। समाजवाद अच्छी अवधारणा है, पर उसका अंधानुकरण करने की अपेक्षा अपने देश की स्थितियों के अनुसार उसका विकास करना श्रेष्ठ है। फ्रांसीसी दार्शनिक रोम्याँ रोलाँ से भी चर्चा की।

1936 में कांग्रेस का अधिवेशन लखनऊ में निश्चित हुआ। जनता के आग्रह पर जवाहरलाल नेहरू ने सुभाषबाबू को निमंत्रण भेजा। प्रतिबंध की परवाह न करते हुए सुभाषबाबू ने प्रेस को वक्तव्य दिया, जो 'मानचेस्टर गार्जियन' में छपा। 'अब मैं स्वदेश जाना चाहता हूँ, तब मुझे यह जेल-दंड का धमकी भरा पत्र मिला है। भारत की ब्रिटिश सरकार की नैतिकता और वैधानिकता के प्रति मेरा पूर्व अनुभव क्या कम खराब है? क्या भारत में इसी प्रकार अंग्रेजी कानून का पालन किया जाएगा?' सुभाषबाबू निषेधाज्ञा की अवहेलना कर 8 अप्रैल, 1936 को बंबई पहुँचे। इसके पहले कि उमड़ी हुई भीड़ उनके दर्शन कर पाती, पुलिस ने उन्हें गिरफ्तार कर लिया। इस बार उन्हें पूना के समीप यरवदा जेल में, फिर उलटे-सीधे रास्तों से ले जाकर उनके भाई के घर दार्जिलिंग के समीप कुर्सियांग में नजरबंद कर दिया गया। गृह-सचिव मि. हैलिट झूठे और निराधार आरोप लगाकर सुभाषबाबू की गिरफ्तारी उचित बता रहा था, उधर 'भारतीय जनता उनकी रिहाई के लिए आंदोलन तेज कर रही थी। 10 मई, 1936 को उनकी रिहाई के लिए देशव्यापी हड़ताल हुई। सरकार ने उन्हें कलकत्ता के अस्पताल में भरती करा दिया। आखिरकार 17 मार्च, 1937 को उन्हें मुक्त किया गया। मुक्त होने के पश्चात् पाँच महीने वे पंजाब के डलहौजी नामक स्थान में रहे, जहाँ उनके स्वास्थ्य में आवश्यक सुधार हुआ। इस दौरान उन्होंने अनेक राजनैतिक निबंध लिखे, जो चर्चित हुए। 7 अक्तूबर, 1937 को वे कलकत्ता लौटे।

18 नवंबर, 1937 को वे एक स्वतंत्र नागरिक की हैसियत से स्वास्थ्य लाभ के लिए आस्ट्रिया

पहुँचे। आस्ट्रिया के बैडगेस्टीन स्वास्थ्यगृह में सात सप्ताह रुके, फिर इंग्लैंड पहुँचे। उनकी यह यूरोप-यात्रा भावी-जीवन का महत्त्वपूर्ण कदम थी। लंदन में भारतीय तथा श्रीलंका के छात्रों ने उनका हार्दिक स्वागत किया। उन्होंने छात्रों से कहा, भारत में स्वतंत्रता आंदोलन चल रहा है, आप बाहर रहकर भारत की सही स्थिति से दुनिया को अवगत कराएँ। ब्रिटिश राजनीतिज्ञों ने भारतीय मामलों में उनकी सूझ-बूझ की प्रशंसा की। आयरलैंड में भी उनका भव्य स्वागत हुआ। वहाँ के नेता ईमन डी. वैलरा ने उन्हें मुक्ति-संग्राम में मदद करने का वचन दिया। 22 जनवरी, 1938 को वे भारत लौटे।

आगामी अधिवेशन का अध्यक्ष महात्मा गांधी ने सुभाषबाबू को चुना। गांधीजी जानते थे कि यह पद उन्हें दो वर्ष पहले ही मिल जाना चाहिए था, पर वे सुभाषबाबू के बागी तेवर को बरदाश्त नहीं करते थे। सुभाषबाबू वर्धा जाकर गांधीजी से मिल चुके थे। अपने भाषण में रखे जानेवाले मुद्दों पर उनसे चर्चा की।

हरिपुरा (गुजरात) में आयोजित यह अधिवेशन कांग्रेस का इक्यावनवाँ अधिवेशन था। अधिवेशन की जबरदस्त तैयारियाँ की गई थीं। दो लाख से अधिक लोग उपस्थित थे। ब्रिटिश शासन के अधिकारी बहुत सतर्क थे। जापान से रासबिहारी बोस का सुभाष के नाम पत्र उनके हाथ लग गया था, जिसमें लिखा था—अहिंसा का पागलपन पकड़कर चुप मत बैठो। इंग्लैंड, अफ्रीका, सीलोन से प्रतिनिधि आकर मंच पर विराजमान थे।

सुभाषबाबू ने भाषण आरंभ किया—ईश्वर करे, देश को गांधीजी का मार्गदर्शन व मंगल आशीर्वाद मिलता रहे। अंग्रेजों की 'फूट डालो राज्य करो' की नीति का पर्दाफाश करते हुए उन्होंने कहा कि इस कूटनीतिक हथियार का उपयोग उन्होंने आयरलैंड व फिलिस्तीन में किया था। इस समय तक पाकिस्तान की अवधारणा का विकास नहीं हुआ था, परंतु सुभाष को लंदन में मुसलिम विद्यार्थियों की इस माँग की भनक लग चुकी थी। साथ ही उनकी दूरदर्शिता ब्रिटिश कूटनीति के परिणाम को देख रही थी, उन्होंने घोषणा की कि ब्रिटिश सत्ता हस्तांतरण से पूर्व आंतरिक विभाजन करेगा। हमारा दायित्व है कि हम देश को संगठित व सुदृढ़ बनाने का प्रयास करें। अंग्रेजों ने विभाजन के बीज हमारी भूमि में बोना प्रारंभ कर दिए हैं। देशी रियासतों की प्रजा को उनके सनकी शासकों के पाश से मुक्ति मिले, इसके लिए उन्होंने इन रियासतों की प्रजा के संघर्ष व विद्रोह को समर्थन देने का संकल्प किया। उन्होंने अछूतों व अल्पसंख्यकों के प्रति कांग्रेस की नीति का पूरा समर्थन किया। इन्हें राजनीतिक, आर्थिक और सांस्कृतिक विकास के पूर्ण अवसर प्राप्त कराने चाहिए। उनकी संस्कृति तथा लिपि का संरक्षण तथा अपने संगठन बनाने की नागरिक स्वतंत्रता की पक्षधरता की। वयस्क मताधिकार की माँग की। स्वतंत्रता और समानता के अधिकारों के साथ स्वतंत्रता के पश्चात् कांग्रेस से राष्ट्र के निर्माण का दायित्व ग्रहण करने का आग्रह किया। यह अपेक्षा व्यक्त की कि गरीबी, अशिक्षा, महामारी, उत्पादन तथा वितरण की समस्याओं का समाधान समाजवादी सिद्धांतों के आधार पर किया जाए। उन्होंने देश की प्रगति के एक लिपि (रोमनलिपि) का समर्थन

किया। जनसंख्या वृद्धि की समस्या को भी उन्होंने विकास में बाधक माना। इन दोनों प्रश्नों से दक्षिणपंथी नेता प्रसन्न नहीं हुए। उन्होंने औद्योगिक विकास पर अत्यधिक बल देते हुए उसके साथ-साथ कुटीर उद्योगों को विकसित करने पर बल दिया। योजना-मंडल (पंचवर्षीय योजनाओं का पूर्व रूप) पर अत्यधिक बल दिया। इन मुद्दों से साम्यवादी व समाजवादी युवा प्रसन्न हुए। सुभाषबाबू ने यह भी कहा कि नौकरशाही की रचना अंग्रेजों ने अपनी सुविधा से की है। गांधीजी को अनुभव हुआ, वर्धा में दिखाए गए प्रारूप व प्रत्यक्ष भाषण बहुत अंतर है। महात्मा गांधी के चारों ओर कुछ अंधभक्त व चाटुकार लोगों का वलय था। 'गांधी इज इंडिया' जैसे शब्द उस समय की ही देन हैं। देशबंधु चित्तरंजन दास व लाला लाजपतराय के साथ मिलकर भी मोतीलाल नेहरू उनके विरोध में कुछ नहीं कर सके, अपने अनुभव से प्राप्त नवनीत उन्होंने जवाहरलाल को दिया कि गांधीजी के साथ छाया की तरह रहना।

सुभाष के तीन घंटों के अनेक मुद्दों का आधार बनाकर हुए भाषण में जो जोश था, वह एक कर्तव्यपरायण नेता की भावी योजनाओं की साक्षी था। सरोजिनी नायडू ने अपने भाषण में सुभाष की प्रशंसा करते हुए उन्हें प्रांतीय भावना से ऊपर उठकर राष्ट्र की ओर विशाल दृष्टिकोण से देखने को कहा। इससे सुभाष का मन व्यथित हुआ और उन्होंने तुरंत प्रत्युत्तर दिया कि मेरी रग-रग में अखंड हिंदुस्तान का रक्त प्रवाहित हो रहा है। हरिपुरा का अधिवेशन अत्यंत सफल रहा। सुभाष अपने अध्यक्षीय काल का पूर्ण सदुपयोग करने के लिए सतत प्रयत्नशील रहे; यद्यपि सचिव आचार्य कृपलानी ने उनके कार्य में हरसंभव बाधा पहुँचाई। वे हिंदू-मुसलिम एकता के लिए मुसलिम-लीग के देश-विभाजन की ओर बढ़ते कदमों को रोकने के लिए जिन्ना से भी मिले, पर जिन्ना का हृदय गांधीजी के अनुयायियों से दु:खी था। वे राजनीति छोड़कर लंदन में बस गए थे। तभी मुसलिम लीग के नेता नबाव लियाकत अली खान उन्हें हिंदुस्तान ले आए। मुसलिम लीग के लखनऊ अधिवेशन में सूट के स्थान पर शेरवानी पहनकर उन्होंने अपने भाषण में सांप्रदायिक जहर उगला और मुसलिम लीग के नेता बने तथा उनका राजनैतिक वनवास का प्रतिशोध पूरा हुआ। अत: सुभाषबाबू का प्रयास व्यर्थ हो गया। दु:खी हृदय सुभाष बापू से मिले। जुलाई में वर्धा में कार्यकारिणी की बैठक में भी सुभाषबाबू ने एकता का प्रश्न उठाया और जिन्ना को पत्र लिखा, पर अब तक जिन्ना पर मुसलिम नेता होने का भूत सवार हो चुका था।

सुभाषबाबू के तूफानी दौरे जारी थे। विराट् जनसभाओं का संबोधन, आर्थिक योजनाओं के निमित्त वैज्ञानिकों व विशेषज्ञों से चर्चा, कांग्रेस का आधुनिकीकरण का कार्य तेजी से शुरू हो रहा था। गांधीजी के पुराने सहयोगियों के लिए एक नवयुवक का तेजी से उठना बरदाश्त नहीं हो रहा था। सुभाष कारागृहों, विशेष रूप से मांडले व सिवनी, जबलपुर के कारागृहों की यातना व पुलिस कमिश्नर की घोड़ों के पैरों तले रौंद डालने की साजिश ने उनके स्वास्थ्य को गंभीर हानि पहुँचाई थी। पेट में मरोड़ और सिर में भयंकर पीड़ा कभी भी होने लगती थी। इसी के चलते वे दिल्ली

कार्यकारिणी की बैठक में तीसरे दिन पहुँचे। मद्रास प्रांत के कांग्रेस के प्रधानमंत्री राजाजी ने समाजवादी व साम्यवादी विचार के युवकों को पुलिस की सहायता से बंदी बनवा दिया था, जिससे वे नेहरूजी की आलोचना के पात्र बने हुए थे। सुभाष को मालूम हुआ कि कृपलानी और उनके सहयोगी नेता सुभाष की आलोचना में ही समय गँवा रहे हैं। इन सबके बीच सुभाष देश को शक्तिशाली बनाने की योजनाओं में लगे हुए थे। उन्होंने उद्योग मंत्रियों की बैठक बुलाई। तकनीकी विशेषज्ञों की समिति गठित करने का निर्देश दिया। राष्ट्रीय शोध संस्थान की आवश्यकता पर बल दिया। योजना-समिति बनाकर उसे योजना आयोग में परिवर्तित किया जाए। बहुत सी व्यापक योजनाओं की चर्चा की। इसके अध्यक्ष पद के लिए जवाहरलाल नेहरू का नाम उनके मन में था। बैठक सफल हुई। डॉ. विश्वेश्वरैया का आशीर्वाद प्राप्त हुआ।

कांग्रेस के नरमदलीय वरिष्ठ नेता उनके सभी विषयों पर बोलने और अपने को सवाया गांधी होने के भ्रम का उपहास उड़ाया करते थे। सुभाष ने गांधीजी से बढ़ती हुई मुसलिम लीग की ताकत की चर्चा की और पूछने पर अपना सुझाव दिया, सिंध, बंगाल व पजाब इन तीन मुसलिम बहुत राज्यों में, जहाँ मुसलिम लीग को छोड़कर अन्य मुसलिम सत्ता में हों, उन्हें कांग्रेस का समर्थन दिया जाए या उनके साथ सत्ता में सहभागी बना जाए अथवा बाहर से समर्थन दिया जाए, जिससे ये मुसलिम लीग में न मिलकर राष्ट्रीय धारा में ही रहें। गांधीजी को सुझाव पसंद आया। कुछ ही दिनों में गांधीजी का पत्र आया कि मिली-जुली सरकार के चक्कर में पड़ने की जरूरत नहीं है। पता चला बिड़ला नीलरत्न सरकार व मौलाना आजाद को लेकर वर्धा गए थे और दो-तीन पड़ाव डालकर सुभाष के किए-धरे पर पानी फेर दिया।

बारदोली में कांग्रेस कार्यकारिणी की बैठक थी। सुभाषबाबू साम्राज्यवाद-विरोधी संघर्ष का आह्वान तथा वामपंथ के कांग्रेस अध्यक्ष होने की जरूरत का प्रचार कर रहे थे। त्रिपुरी में आगामी अधिवेशन होना था। राजाजी, कृपलानी और भूलाभाई देसाई ने इंडियन स्ट्रगल की एक प्रति, जो भूलाभाई लंदन से लाए थे, बापूजी को दी। बापू के विरोध में लिखे गए अंश पढ़कर सुनाए। उधर सुभाष विश्वयुद्ध का लाभ उठाकर एक वज्रमुष्टिका का प्रहार करने की आवश्यकता अनुभव कर रहे थे।

गांधीजी 'इंडियन स्ट्रगल' पढ़ चुके थे। उन्होंने कहा—तुम्हारी पुस्तक पढ़कर मुझे अपनी बुद्धिहीनता का अंदाज लग गया। मुझे तुम्हारे अंग्रेजों को अल्टीमेटम देने के विचार से क्लेश होने लगा है। पचास वर्षों के पुण्यबल से स्थित कांग्रेस में अनाचार और भ्रष्टाचार बहुत बढ़ गया है। गांधीजी ने और भी कहा, 'मेरे कांग्रेस अध्यक्ष को गुप्त रूप से हिटलर के एजेंटों से मिलने की क्या आवश्यकता?' सुभाष ने कहा, 'मुझे लगता है, आवश्यकता होने पर हमें दूसरे देशों की मदद लेनी चाहिए। खुद ब्रिटेन ने हिटलर से संधि की, तो वह उसकी कूटनीति का हिस्सा और हमने नाम भी लिया, तो फासिस्ट।'

सुभाषबाबू ने अपना कार्यकाल अत्यंत उत्तम ढंग से पूरा किया, फिर भी वे गांधीजी व उनके दक्षिणपंथी अनुयायियों को संतुष्ट नहीं कर सके। अगला अधिवेशन त्रिपुरी (मध्य प्रदेश) में होनेवाला था। दक्षिणपंथी कांग्रेसियों में मौलाना आजाद या डॉ. पट्टाभि सीतारामैया में एक का नाम चुनना था। पहली बार अध्यक्ष पद का चुनाव होनेवाला था। सुभाषबाबू ने अपनी उम्मीदवारी घोषित कर दी थी। पटेल का तार शरदबाबू के पास आया कि सुभाष का फिर से चुना जाना देश के लिए हानिकारक है। गांधीजी ने डॉ. पट्टाभि सीतारामैया को बुलाकर फॉर्म भरवाया। अपने पत्र 'हरिजन' में सुभाषबाबू का नाम न लेकर बहुत से आरोप लगाए।

चुनाव हुए, जिसमें सुभाषबाबू बापू की पसंद पट्टाभि से दो सौ मतों से विजयी हुए। गांधीजी ने इसे अपनी हार के रूप में प्रचारित कर सुभाषबाबू का हौसला पस्त करने की कोशिश की। सुभाषबाबू शीघ्र ही बापू से मिलने वर्धा पहुँचे। सुभाषबाबू की तबीयत वर्धा से लौटते में ही खराब हो गई थी। वे पटना भी नहीं जा सके। गांधीजी ने 22 फरवरी की बैठक में आने से नहीं चूकने को कहा था। त्रिपुरी अधिवेशन की कार्यसूची तय करने के लिए 22 फरवरी को वर्धा की कांग्रेस कार्यसमिति की बैठक होनी थी, जिसमें सुभाष नहीं पहुँच सके। उन्होंने सरदार पटेल को बैठक की तारीख आगे बढ़ाने के निवेदन का तार भेजा था। त्रिपुरी अधिवेशन का बहिष्कार करके गांधीजी राजकोट चले गए थे। कार्यकारिणी के सदस्यों ने त्याग-पत्र दे दिया था। 7 मार्च, 1939 को सुभाषबाबू को स्ट्रैचर पर लिटाकर अधिवेशन स्थल तक पहुँचाया गया, उन्हें 103 डिग्री बुखार था। अधिवेशन की प्रत्येक परिस्थिति उनके प्रतिकूल थी। 'पंत प्रस्ताव' में कहा गया कि महात्मा गांधी ही देश को विजय-पथ पर अग्रसर कर सकते हैं, अत: उनके निर्देशन में कांग्रेस का सभापति चुना जाए। इसके कांग्रेस की स्थिति और बिगड़ गई। प्रस्ताव का विरोध हुआ, पर अंततोगत्वा पारित हुआ। सुभाषबाबू का स्वास्थ्य बिगड़ता गया। उनका अध्यक्षीय भाषण शरदचंद्र बोस ने पढ़ा।

इस संक्षिप्त भाषण में उन्होंने अंतरराष्ट्रीय परिस्थिति, म्युनिख का समझौता, मिस्र के प्रतिनिधि मंडल, गांधीजी का अनशन, कार्यसमिति के सदस्यों का त्याग-पत्र और रियासतों की हलचल, मिस्र से केवल अधिवेशन के लिए भारत आए प्रतिनिधियों का हार्दिक स्वागत व विश्व राजनीति का सजीव चित्र प्रस्तुत किया। अंग्रेजों की कमजोर स्थिति तथा अपने लिए अंतरराष्ट्रीय स्थितियों की अनुकूलता प्रतिपादित की। संगठित होकर राष्ट्रीय संघर्ष के लिए एकजुट होने का आह्वान किया। इस त्रिपुरी अधिवेशन की दलगत व स्वार्थी राजनीति ने उन्हें गहरी चोट पहुँचाई। उनकी आध्यात्मिक वृत्ति उन्हें हिमालय की गोद में जाने की प्रेरणा देती थी। स्पष्ट था कि भारत की आजादी के लिए वे जो मार्ग अपनाना चाहते थे, उसमें उनका साथ देनेवाले गिने-चुने लोग थे। आजादी की लड़ाई उन्हें अपने बल पर लड़नी होगी। सुभाषबाबू ने उदारता का परिचय देते हुए पंत-प्रस्ताव को कार्यसूची में शामिल कर लिया। नरम दल वज्र से भी अधिक कठोर था। गांधीजी के द्वारा कांग्रेस से बाहर होने की धमकी दी गई। अहिंसा के शस्त्र से सुभाष बहुत मर्माहत हुए।

स्वास्थ्य-लाभ के लिए वे अपने भाई के पास जमाहोबा नामक स्थान पर चले गए। कांग्रेस की दलीय राजनीति ने उन्हें चैन से नहीं बैठने दिया। वे लगातार गांधीजी व नेहरू से पत्राचार करते रहे। गांधीजी सुभाषचंद्र बोस का कांग्रेस से निष्कासन चाहते थे। देश को जाग्रत्, संगठित व आजाद करने के संकल्प को लेकर एकत्र हुए कांग्रेस नेताओं में निजी महत्त्वाकांक्षा या मिथ्याभिमान इतना प्रबल था कि वे इस नेता को समझ ही नहीं पाए। विवाद को सुलझाने के लिए उन्होंने त्याग-पत्र दे दिया। कुछ ही क्षणों में नए अध्यक्ष के रूप में राजेंद्रप्रसाद की नियुक्ति की घोषणा हो गई। दूर आश्रम में रहकर ही गांधीजी ने कांग्रेस पर अपनी सत्ता घोषित कर दी। सुभाष के मर्म पर यह विषाक्त प्रहार था। कांग्रेस के अध्यक्ष पद से त्याग-पत्र देकर सुभाषबाबू ने 'फॉरवर्ड-दल' का कार्य हाथ में लिया। इस दल में कांग्रेस, समाजवादी पार्टी, कम्युनिस्ट पार्टी (राष्ट्रीय मोरचा), रेडिकल डेमोक्रेटिक पार्टी, ट्रेड यूनियन, किसान सभा, नवोदित अग्रगामी दल आदि सम्मिलित हो गए। इस दल के तीन अधिवेशन हुए, पहला 22 जून, 1939 को बंबई में, दूसरा टलसरा मार्च 1940 को रामगढ़ (बिहार) में, तीसरा अधिवेशन 18 जून, 1940 को नागपुर में संपन्न हुआ। इस दल ने प्रथम अधिवेशन में जो प्रस्ताव पारित किए, उनमें धार्मिक स्वतंत्रता के साथ धर्म पर राजनीति हावी न होने देना, पनपते हुए प्रांतवाद को रोकना, कांग्रेस में बढ़ती हुई पदलिप्सा व भ्रष्ट आचरण को रोकना, उसे पुन: अपने लक्ष्य की ओर सक्रिय करना, संपूर्ण भारतवर्ष में साम्राज्यवाद विरोधी आंदोलन सक्रिय करना मुख्य थे।

इस सम्मेलन के आयोजन में बैरिस्टर नरीमन व सेनापति बापट ने अथक परिश्रम किया। इस दल की 'फॉरवर्ड' नामक पत्रिका में उन्होंने फासीवाद, मानव-मनोविज्ञान, समूह-मनोविज्ञान, नेताओं के आचरण जैसे विविध विषयों पर क्रांतिकारी विचार रखे। कांग्रेस कार्यसमिति की ढुलमुल नीति व कार्यशैली पर तीखे प्रहार किए। कांग्रेस ने किसी भी गुट या व्यक्ति को प्रांतीय कांग्रेस की अनुमति के बिना आंदोलन आदि पर रोक लगा दी। उन्होंने देश का तूफानी दौरा किया। मार्च 1940 को फॉरवर्ड ब्लॉक और किसान सभा के नेतृत्व में समझौता विरोधी आमसभा रामगढ़ में आयोजित की गई। इसमें प्रस्ताव रखा कि 6 अप्रैल को युद्ध प्रयत्नों के विरोध में राष्ट्रव्यापी सत्याग्रह किया जाएगा। इसमें चौराचोरी, दिल्ली समझौता जैसी कोई बात नहीं होगी। आचार्य कृपलानी कांग्रेस कार्यकारिणी की बैठक में इसे सुभाष का बापू व मातृसंस्था कांग्रेस का तिरस्कार बता रहे थे। गांधीजी 'हरिजन' में अप्रत्यक्ष रूप से टीका कर रहे थे। यही गांधीजी ने एकमत से सुभाष को बंगाल प्रांतीय कांग्रेस के अध्यक्ष पद से च्युत कर दिया। साथ ही तीन वर्षों तक कोई पद ग्रहण करने पर प्रतिबंध लगा दिया। कांग्रेस के असहयोग, इंग्लैंड व रूस की संधि के फलस्वरूप कम्युनिस्ट पार्टी के अलग हो जाने से फॉरवर्ड ब्लॉक के समक्ष विपरीत स्थितियाँ थीं, इन स्थितियों से जूझने कें लिए नागपुर अधिवेशन आयोजित हुआ। इसमें 'फॉरवर्ड ब्लॉक' को कांग्रेस से असंबद्ध स्वतंत्र दल घोषित किया गया। गत वर्ष की उपलब्धियों का उल्लेख करते हुए युद्धकालीन अंतरराष्ट्रीय स्थितियों का विश्लेषण

किया। वे वर्धा में गांधीजी से मिलने भी गए, पर सद्भावना नहीं पा सके। उन्हें लगा कि महात्माजी को घायल करके घाव पर नमक छिड़कने का कौशल हासिल है।

बंबई में वीर सावरकर से भी मिले। 3 जुलाई, 1940 में हिंदू-मुसलमानों को एकत्र कर बंगाल के अंतिम शासक सिराजुद्दौला की स्मृति में 'हालवेल स्मारक' को हटवाकर 'सिराजुद्दौला दिवस' मनाने की घोषणा की। 'हालवेल स्मारक' भारतीयों पर अंग्रेजों का थोपा हुआ झूठा कलंक था। अंग्रेजों का कहना था कि इस स्थान पर 1857 में भारतीयों ने अंग्रेज परिवारों को जिंदा जला दिया था, जबकि इतिहास में ऐसी कोई घटना कहीं दर्ज नहीं है। ब्रिटिश सरकार ने 2 जुलाई को ही सुभाष व श्रीहरि कामथ आदि फॉरवर्ड ब्लॉक की कार्यकारिणी के सदस्य सहयोगियों को गिरफ्तार कर लिया। द्वितीय विश्वयुद्ध के नाजुक दौर में जनसंघर्ष को टालने के लिए हालवेल स्मारक कलकत्ता के संग्रहालय में रखवा दिया गया। सुभाष के सहयोगियों को रिहा कर दिया। अंग्रेज सरकार सुभाषबाबू को द्वितीय विश्वयुद्ध की समाप्ति तक कैद रखना चाहती थी, क्योंकि वह आतंकित थी। सारे देश में उनकी गिरफ्तारी के विरुद्ध प्रदर्शन व आंदोलन चालू थे। विचित्र बात थी कि कांग्रेस कार्यसमिति मौन थी। उनके जेल में रहते ही उन्हें ब्रिटिश-सरकार की पार्लियामेंट का सदस्य चुना गया। पार्लियामेंट का सदस्य होने के नाते उन्हें रिहा किया जाना चाहिए। वे द्वितीय विश्वयुद्ध की परिस्थिति का लाभ भारत की आजादी के लिए लेना चाहते थे। ब्रिटिश सरकार उनपर भयंकर आरोप लगाकर उन्हें कैद में ही रखना चाहती थी। अत: सुभाषबाबू अपनी योजनाएँ कार्यान्वित नहीं कर पा रहे थे।

त्रिपुरी अधिवेशन से उनका कांग्रेस से मोहभंग हो चुका था। भारत से बाहर जाकर ही इस परिस्थिति का लाभ उठाना संभव था। सुभाषबाबू को माता-पिता का स्वतंत्रता के लिए लड़ने का आशीर्वाद तो आई.सी.एस. के त्याग-पत्र के बाद से प्राप्त हो ही गया था। शरदबाबू (मेजदा) व विभावतजी का सक्रिय सहयोग प्राप्त था। शरद स्वयं स्वतंत्रता सेनानी थे। वस्तुत: पूरा बोस-परिवार स्वतंत्रता आंदोलन से जुड़ा था। मेजदा एक वकील मित्र की हवेली में आयोजित भोज में जापानी कौंसलर से मिल आए थे, जिसने कोई भी सूत्र मिल पाने की आशा न रखने का संदेश दिया। इस प्रकार पूर्वी एशिया का द्वार बंद हो चुका था। युद्ध में जलते पश्चिम की ओर प्रयाण उपयोगी प्रतीत हो रहा था। जर्मन-रूसी मैत्री का लाभ उठाकर सैन्य-संग्रह कर हिंदुस्तान पर आक्रमण ही उन्हें सर्वोत्तम मार्ग प्रतीत हो रहा था।

एक दिन मेजदा ने सुभाष को काबुल-कंधार से मेहमानों के आने की सूचना दी। वे मेहमान थे अबद खान, भगतराम तलवार और रामकिशन। ये तीनों कीर्ति किसान दल के सदस्य थे और रूस व अफगानिस्तान के चप्पे-चप्पे से परिचित थे। दूसरे ही दिन कलकत्ता नगरपालिका के चीफ इंजीनियर अपने भतीजे की सिफारिश लेकर आए कि आप विदेश जाने से पूर्व मेरे भतीजे को चीफ एक्जीक्यूटिव की नौकरी दे दीजिए। सुभाष समझ गए कि पुलिस की मुझ पर पैनी नजर है। उनका

भारत से निकलना कठिन था। बड़े बाजार से अफगान-साथियों के संदेश आ रहे थे। सुभाष क्रुद्ध व अशांत नजर आ रहे थे। मेजदा ने पूछा, हालवेल स्मारक का पुराना मुद्दा क्यों उठा रहे हो? इस समय कहीं भी व्यर्थ फँसना उचित नहीं है। सरहद के साथियों को क्या संदेश देना है? साम्राज्यवादी स्मारक को फेंकने के आंदोलन के लिए अंग्रेजों ने सुभाष को बंदी बना प्रेसिडेंसी अदालत का मेहमान बना दिया। सरहदी साथी हताश होकर चले गए। बैरक में नरेंद्र नारायण चक्रवर्ती ने कहा—आपने स्वयं पत्थर अपने पाँव पर क्यों मारा? आप तो अब तक कहीं और पहुँच गए होते। सुभाष ने कहा—सरहदी कारागार में ही पहुँचता। मेरी विदेश-प्रयाण की योजना आम-चर्चा में थी। वे मुक्ति के लिए छटपटा रहे थे। बीस वर्ष की राजनीति में ग्यारह जेल-यात्राएँ कीं। देश के लिए काम करने के लिए मुश्किल से साढ़े छह वर्ष मिले थे। इस बीच एमिली की यादें उनके लिए मरहम का काम करती थीं। उन्होंने 'शिवचरित्र' खाने के डिब्बे में रखकर मँगवाया। पलायन के विवरण को पढ़ा। नरेंद्र नारायण की रिहाई होनेवाली थी। उन्होंने नरेंद्र से कहा—मैं नहीं तो तुम तो बाहर जा सकोगे। उन्होंने हिटलर और मुसोलिनी के नाम दो पत्र लिखे। एक साबुन की बट्टी में दूसरा नरेंद्र के जूतों की तली में छिपा दिया। परंतु नरेंद्र की सजा और बढ़ा दी गई। सुभाषबाबू की पुरानी बीमारी बढ़ने लगी।

डॉ. मधु और डॉ. सुनीलदा उनसे मिलने आते रहे। डॉक्टरी जाँच हुई। जेलर पाहणी ने कहा—आपकी बीमारी से भी अंग्रेजी सरकार को कोई फर्क नहीं पड़नेवाला है। सुभाषबाबू ने आमरण अनशन का अंतिम शस्त्र अपनाने का निर्णय लिया। उन्होंने बंगाल गर्वनर को पत्र लिखकर चेतावनी दी कि यदि मुझे रिहा नहीं किया गया, तो आमरण-अनशन कर प्राण त्याग दूँगा। इसके परिणामस्वरूप भारतीय जनमानस के आक्रोश को सहने के लिए सरकार तैयार रहे। यह पत्र ब्रिटिश शासन को चेतावनी व भारतीय जनता को संदेश था। ब्रिटिश सरकार ने इसे राजनीतिक वसीयत के रूप में सुरक्षित रखा है। सुभाषबाबू ने आमरण अनशन शुरू किया तथा देशवासियों के लिए अनेक संदेश दिए कि देश को जीवित रखने के लिए सिद्धांत की वेदी पर बलिदान करना चाहिए। गुलाम रहना अभिशाप है। असत्य और अन्याय से समझौता पाप है। आशय था कि मेरे बाद इस संघर्ष को सतत चालू रखा जाए। सरकार ने अनशन तुड़वाने के प्रयत्न किए, पर उनके समक्ष आयरिश नेता व जतीन दास के उदाहरण थे। आखिर शासन उन्हें रिहा करने को बाध्य हुआ। पर उसने शेर को खुला छोड़ने का संकट मोल न लेकर उनके आवास पर नजरबंद कर दिया। सुभाषबाबू अपने महाप्रयाण से पूर्व गांधीजी से मिलने आए और कहा, मैं आपके मार्गदर्शन में ही राजनीति का इच्छुक हूँ। किसी वरिष्ठ कांग्रेसी के मान की अपेक्षा अपने गुलामी में जकड़े राष्ट्रपुरुष की मानरक्षा अपना प्रथम कर्तव्य समझता हूँ। गांधीजी ने सुभाष और बोस परिवार की निष्ठा व सेवा की प्रशंसा की, पर सुभाष को क्रांति की आज्ञा नहीं दी। सुभाष ने बताया, विदेश की धरती से ही सही मुझे क्रांति का शंखनाद करना है।

अजेय देशभक्त ने देश के बाहर निकलने की योजना बनाई। यह योजना आकस्मिक नहीं थी, वे समझ चुके थे कि यहाँ रहकर बार-बार गिरफ्तार होकर वे आजादी के कार्य को आगे नहीं बढ़ा सकेंगे। द्वितीय विश्वयुद्ध का सुनहरा अवसर हाथ से निकल जाएगा। ब्रिटिश सरकार और कांग्रेसी दोनों मिलकर फॉरवर्ड ब्लॉक को समाप्त करने में लगे थे। घर के चारों ओर कड़ा पहरा था। गुप्तचर सादे वेश में इनकी गतिविधियों पर दृष्टि रखते थे। उनके देश से बाहर निकलने के कार्य में 'देशदर्शन' पत्र के संपादक श्री निरंजन सिंह तालिब प्रथम सूत्रधार बने। उन्होंने जमशेदपुर के व्यापारी सरकाद बलदेव सिंह, कीर्ति किसान पार्टी के सदस्य अच्चरसिंह, कामरेड रामशिकन से चर्चा की। रामकिशन ने सीमाप्रांत के गाँव खेल्लाडेर निवासी भगतसिंह तलवाड़ से चर्चा की। क्रांतिवीर हरिकिशन तलवाड़ व भगतसिंह तलवाड़ दोनों भाइयों का नाम राष्ट्रीय आंदोलन के इतिहास में बड़े सम्मान के साथ लिया जाता है। भगतसिंह तलवाड़ उस समय सीमाप्रांत में फॉरवर्ड ब्लॉक के सक्रिय कार्यकर्ता थे।

सुभाषबाबू का पुराना घर एल्गिन रोड पर था। शरदबाबू ने गृहस्थी बढ़ जाने पर बुडवर्न पार्क में एक और घर लिया था। दोनों घर समीप ही थे। दोनों ही घरों पर पुलिस का दिन-रात सतर्क पहरा रहता था। सुभाषबाबू ने उससे भी अधिक सतर्कता से योजना बनाई थी। योजना के तहत उन्होंने लोगों से मिलना-जुलना छोड़ दिया था। कलकत्ते के महापौर अडल सिद्दीकी को आधे घंटे बैठकर बिना मिले लौटना पड़ा, जिससे उन्होंने अपमानित महसूस किया। आंध्र के फॉरवर्ड ब्लॉक के शिष्टमंडल के आग्रह को सुभाषबाबू के भतीजे कल्याण ने उनकी बीमारी का हवाला देकर टाल दिया। गुप्तचरों ने महापौर को बिना मिले वापस जाते देखा। अभ्यागत-कक्ष से सभी को बाहर कर बँगले का फाटक बंद करते हुए कहा गया कि बाबूजी अभी पंद्रह दिन और किसी से नहीं मिल पाएँगे, यह गुप्तचरों को ही सुनाया गया। सत्रह वर्षीय भतीजे को मोटर चलाने का अधिकाधिक अभ्यास करने को कहा गया। उसने मोटर के कल-पुरजों की सूक्ष्म जानकारी ली। वह रोज रात नौ बजे मोटर से बाहर निकलता था। बिना रुके वर्दवान तक हो आया। एक दिन अचानक शिशिर को एक व्यक्ति से मिलाते हुए सुभाष ने कहा, ये हैं मियाँ अकबर शाह, इन्हें रास्ते में खरीददारी कराते हुए हावड़ा स्टेशन तक छोड़ आओ। अकबर शाह ने धरमतल्ला की विशिष्ट दुकान से काली फैज टोपी, सलवार व मोजे खरीदे। उन्हें पीछे की सीट पर डाल दिया। शिशिर ने बहुत चीजें एकत्र कीं, जैसे 'मुहम्मद जियाउद्दीन' के नाम के कार्ड। एक बैग पर भी एक जेड लिखवाया। पठान ढंग के बिछावन, जियारत के विशिष्ट कपड़े, कुरान की प्रतियाँ, यूनानी दवाएँ आदि। अपने तीनों सचिवों को सेवामुक्त कर सुभाष राजनीति से सर्वथा विरक्त दिखाई देते थे। उन्होंने शिशिर को पत्रों का पुलिंदा दिया, जिन्हें तारीख के क्रम से छोड़ना था, ताकि पुलिस को सुभाष के कलकत्ता होने तथा पत्र लिखते रहने का भ्रम बना रहे।

एक दिन परिवार के साथ भोजन कर उन्होंने निर्देश दिया कि कोई मेरे कमरे में न आए।

विशेष बात हो, तो इला, अरविंद या द्विजेंद्र ही कमरे में प्रवेश करें। केवल ये तीनों ही सुभाष की योजना को जानते थे। इनके अतिरिक्त एक व्यक्ति था शिशिर। शेष परिवार यही जानता था कि वे विरक्त होकर धार्मिक अनुष्ठान के तहत माँ काली की उपासना में लगे हैं। एक कक्ष में एकांतवास करते हुए वे दाढ़ी-मूँछ बढ़ा रहे थे। 16 जनवरी को शरदबाबू सुभाष को विदा करने सुभाष के कक्ष में घुसे। दोनों भाव-विह्वल थे। सुभाष ने कहा, ''भाई के रूप में देवता केवल मेरे भाग्य में है, दादा। आपने मेरे लिए क्या कुछ नहीं किया। अपनी वकालत नष्ट की, मुझे आगे रखकर सदैव परदे के पीछे रहे।'' 16 जनवरी की रात दोनों घरों में जागरण का माहौल था। सोलह की रात सत्रह में बदल गई थी। लगभग डेढ़ बजे का समय था। रात को शिशिर अंदर आया। अरविंद मौलवी साहब को तैयार करने में लगा था। शिशिर ने कहा, आप अभी भी पहचान में आते हैं। सुभाषबाबू ने अपना चश्मा बदल लिया। चलते वक्त उनको पिता की दी गई घड़ी याद आई, जो कल्याण के पास से लाकर उन्हें दी गई। पिता की याद में वे विह्वल हो गए। कुत्ते दो दिन पहले ही बुडवर्न पार्क के घर में भेज दिए गए थे। द्विजेंद्र ने देखा, सड़क के बीचोबीच से दोनों घरों पर नजर रखनेवाले पुलिसवाले ठंड के कारण ऊँघ रहे थे। सुभाषबाबू ने काली माँ और बाबा की तसवीर की वंदना की। माँ के दरवाजे पर आकर वे ठिठक गए। उधर द्विजेंद्र की खाँसने की आवाज रास्ता साफ होने का संकेत दे रही थी।

योजनानुसार शिशिरकुमार बोस कार लेकर घर के पिछले भाग में थे। सुभाष का जरूरी सामान कार में रखा जा चुका था। वे छत से उतरे और कार में जाकर बैठ गए। कार से वे अपने भतीजे के साथ धनबाद पहुँचे। जहाँ उनका दूसरा भतीजा अशोकनाथ माइनिंग इंजीनियर वहाँ रहता था। शिशिरनाथ सुभाष को उतारकर भाई के यहाँ पहुँचे। वहाँ सुभाषबाबू के आने की सूचना देकर उनसे बाहरी व्यक्ति की तरह ही व्यवहार करने को कहा, जिससे नौकर-चाकरों को भी आगमन की भनक न लगे। शाम को सुभाषबाबू पैदल निकले। उसके पश्चात् अशोकनाथ और उनकी पत्नी कार लेकर घूमने निकले। रास्ते में सुभाषबाबू को लेकर गोमोह पहुँचे। गोमोह बिहार का देहाती स्टेशन, यहाँ पहुँचकर उन्होंने अपने बर्लिन या मास्को जाने की सूचना दी। यहाँ अकबर शाह, मुहम्मद शाह और भगतराम तीनों तीन रातों से प्लेटफॉर्म पर जागते रहे थे। सुभाष दिल्ली-कालका मेल से पेशावर पहुँचे। पूर्व निश्चित योजना के तहत फॉरवर्ड ब्लॉक के सक्रिय कार्यकर्ता अकबर शाह गाड़ी के अन्य डिब्बे में चढ़े। पेशावर कैंटोनमेंट में अकबर शाह उतरकर चलने लगे। पीछे सुभाष पहुँचे। अकबर शाह ने एक ताँगेवाले से भाव-ताव किया और सौदा न पटने का अभिनय किया। सुभाषबाबू आकर उस ताँगे में बैठ गए। ताँगे ने उन्हें होटल ताजमहल पहुँचाया। होटल में वे बड़ी सहजता से दाखिल हुए। कुछ समय बाद अब्दुल मजीद नामक फॉरवर्ड ब्लॉक के सदस्य ने परिस्थितियों के सामान्य होने की सूचना के साथ दूसरे दिन शाम चार बजे अकबर शाह व भगतराम से साथ मुलाकात की भी सूचना दी। 'सत्ताईस तारीख को कोर्ट में तारीख होने के कारण पुलिस घर पहुँचेगी

तो बहुत हंगामा होगा'। जब सुभाषबाबू ने यह कहा, तो अकबर शाह बोले—क्या बताएँ, हम तो आपको छह महीने पहले ही लानेवाले थे। कीर्ति किसान दल व कामरेड मंडली ने कितनी तैयारी की थी। अच्चरसिंह और रामकिशन को मास्को रवाना कर दिया था। सरहद की पहाड़ी नदी को पार करते हुए रामकिशन शहीद हो गया था। यह मन को दु:खी करनेवाली घटना थी। अगले दिन वे अबद खान के यहाँ रुके। भगतराम पर सुभाषबाबू को अफगानिस्तान पहुँचाने का दायित्व था। उनके लिए पठानी पोशाक सिलवाई गई। पठानी तौर-तरीके सिखाए गए। 22 जनवरी, 1941 को सुबह साढ़े छह बजे अबद खान भगतराम व सुभाष को कार में बिठाकर जंबरोद रोड के खजूरी मैदान में पहुँचे, जहाँ एक मिलिट्री कैंप था। कैंप से एक फर्लांग पहले अबद खान, भगतराम व सुभाष कार से उतरे और एक पगडंडी से होते हुए कबाइली इलाके की ओर चल दिए। समीप ही एक जियारत (तीर्थस्थान) थी। वहाँ होते हुए दोपहर तक कबाइली इलाके में दाखिल हो गए। अबद खान मोटर लेकर वापस चला गया। भगतराम का पूरा परिवार देशभक्त था। उनके सगे भाई को अंग्रेजों ने फाँसी पर लटका दिया था। भगतराम ने भी मुसलमानी वेश धारण किया था।

सुभाष व भगतराम मार्गदर्शक के साथ अनेक कठिनाइयों के बावजूद रास्ता तय करने के बाद पीरारवान मैना गाँव की हुजारा मसजिद में पहुँचे। जहाँ एक बड़े से हॉल में पचास लोग सोये हुए थे। पैर लहूलुहान हो गए थे। अत: आगे के गाँवों की यात्रा खच्चर पर की। खच्चर से कई बार गिरकर चोटिल भी हुए। अनेक मुश्किलों के बाद 25 जनवरी को वे अफगानिस्तान की सीमा में सिनवारी और सिनवारी से गारडी ग्राम पहुँचे। यहाँ पथप्रदर्शक के परिचित का एक घर था। जहाँ नई नवेली दुल्हन ने रात को भोजन कराया तथा रास्ते के लिए बाँधकर भी दिया। भगतराम रहमतखाँ और सुभाष मूक-बधिर जियाउद्दीन थे। बसोल ग्राम में उन्हें एक लॉरी मिल गई। दोनों चाय की पेटियों पर बैठ गए। यात्रा कष्टपूर्ण थी। 28 जनवरी की रात को जलालाबाद पहुँचे, दूसरे दिन अट्टाशरीफ दरगाह। वहाँ उन्होंने नमाज अदा की। यहाँ से वे भगतराम के पुराने परिचित हाजी मुहम्मद अमीर के घर पहुँचे। सुभाष के दोनों पैर जख्मी हो चुके थे, फिर भी पैदल चलकर मिमला गाँव पहुँचे, जहाँ उन्हें लॉरी मिली। जिससे वे मिमला गाँव अंदमक कबुतमत होते हुए बुतखाक चैकपोस्ट पर ही उतर गए। वहाँ से लॉरी से काबुल पहुँचे। लगातार हिम वर्षा हो रही थी। यहाँ लाहौरी गेट सराय में रुकने की व्यवस्था की गई। यहाँ सुभाष को एक दुकान पर रेडियो से समाचार सुनाई दिया, फॉरवर्ड ब्लॉक के नेता कांग्रेस के पूर्व अध्यक्ष श्री सुभाषचंद्र बोस कल से अपने कलकत्ते के घर से गायब हैं।

भारत सरकार ने देश भर में निगरानी रखने के निर्देश दिए हैं, जिससे विमानतल, बंदरगाह व रेलवे स्टेशनों पर कड़ी जाँच जारी है। उनके संन्यास लेने की भी संभावना व्यक्त की जा रही है। भगतराम रूसी दूतावास से संपर्क में लगे थे, क्योंकि अफगानिस्तान की सरहद पार कर लेना ही उनका तात्कालिक लक्ष्य था। रूस-इंग्लैंड अब मित्र देश थे, अत: भारतीय कामरेड अब सलाखों

के पीछे पहुँच गए थे। सराय जितनी गंदी थी, उतनी ही असुरक्षित भी। एक हवलदार दोनों को तंग करता था। भगतराम ने उसे दो रुपए देकर जान छुड़ाई। वह कोतवाल इन दोनों को चोरी के माल का दलाल समझता था। एक दिन और आठ रुपए झटक लिये। भगतराम दूसरी जगह की तलाश में थे, तभी उनकी नजर बाजार की एक क्राकरी की दुकान में गई। उसके मालिक उत्तमचंद मल्होत्रा उनके साथ पेशावर की सेंट्रल जेल में थे। मल्होत्रा ने बताया कि अभी रेडियो से समाचार प्रसारित हुआ कि सुभाष हरिद्वार में साधुवेश में पकड़े गए। सुभाष उत्तमचंद मल्होत्रा के मेहमान बने। विलंब होने पर उन्होंने अनधिकृत रूप से रूस में प्रवेश व रूस की जेल में पहुँचने की योजना बनाई। वे रूस को अपनी गतिविधियों का केंद्र बनाना चाहते थे, पर रूस की ओर से सहयोग का कोई संकेत नहीं था। एक दिन सुभाष सीधे जर्मन दूतावास में घुस गए। जहाँ एक युवा अधिकारी ने सुभाष को ध्यान से देखा। उनकी बातें सुनीं और राजदूत हेंस पीलगेट के कक्ष में गए। लौटकर सुभाष को भेजा। घुसते ही राजदूत ने कहा, आपका पलायन पूर्वी एशिया में चर्चा का विषय है। सुभाष ने बताया—मैं बर्लिन में राजनैतिक आश्रय लेना चाहता हूँ। राजदूत ने दूतावास में न आने की सख्त हिदायत देते हुए कहा, सीयेंस नामक जर्मनी के प्रमुख हेर थामस से आप मिलिए।

भगतराम मि. थॉमस के चक्कर लगाता रहा। बर्लिन से कोई संदेश नहीं मिल पा रहा था। आखिर थॉमस ने कहा—अपने नेता को इटली के उच्चाधिकारी कॅरोनी से मिलने को कहो। उनके स्वागत के लिए बर्लिन की अपेक्षा इटली कहीं अधिक उत्सुक है।

मार्च का महीना हो चला था। काबुल में पचास दिन से अटके थे। व्याकुल होकर उन्होंने उत्तमचंद्र व भगतराम से कहा—कोई मार्ग ढूँढ़ो। यदि इस विश्वयुद्ध का लाभ नहीं उठाया, तो अगले पचास वर्ष तक गुलामी का कलंक धोना मुश्किल है। अब यदि ब्रिटिश सरकार ने पकड़ लिया, तो विश्वयुद्ध तक जेल में सड़ना होगा। मैं स्वतंत्र हवा में दहाड़ते हुए मृत्यु का आलिंगन करना चाहता हूँ। आखिर एक डाकूनुमा आदमी याकूब का बंदोबस्त हुआ, जो काबुल से रूस तक का चोर मार्ग जानता था। हेंगो नदी पार करने का खतरा उठाकर भी वह उस मार्ग से जाने को तैयार हो गया।

तभी इटली के राजदूत का समाचार मिला कि उन्हें लिवाने एक व्यक्ति रोम से रवाना हो चुका है। वे पासपोर्ट के लिए अपना फोटो तैयार रखें। सिसिली के एक व्यक्ति 'आर्लेंडो मेजोटा' नामक व्यक्ति के पासपोर्ट पर सुभाषबाबू का फोटो लगाया गया। वे एक इटालियन तथा जर्मन सहायकों के साथ जर्मनी की ओर प्रस्थित हुए। अबकी बार उनकी पोशाक इटालियन व दाढ़ी भी इटालियन थी। 18 मार्च, 1941 की सुबह सुभाष, इटालियन दूत, जर्मन सहयोगी व ड्राइवर विमानतल के लिए निकले। सुभाष प्रसन्न थे, तभी उन्होंने देखा, दुबला-पतला, ठिगना, साहसी व दृढसंकल्पी भगतराम का चेहरा दयनीय था। सुभाषबाबू को उत्तमचंद, उनकी पत्नी, भगतराम व इटालियन पीलगेर दंपती देवदूत से लगे।

विमान दोपहर में बर्लिन विमानतल पर पहुँचा। डॉ. धवन व डॉ. मेल्चरस उनकी अगवानी के लिए उपस्थित थे। रास्ते में डॉ. धवन ने पूछा—आप नाजी विचारों में कैसे दीक्षित हो गए। तानाशाहों के अंत:स्थल तक आपको प्रवेश कैसे मिल गया? क्या निराश होकर अँधेरे में हाथ मारने निकले हैं? सुभाष ने कहा—मुझे विश्वास है, इस युद्ध के अंत में ब्रिटिश साम्राज्य खंड-खंड होनेवाला है। ऐसे समय साहसी भारतीय नेता की उपस्थिति आवश्यक है। डॉ. धवन ने कहा—मंदी के कारण निर्बल राष्ट्र को इतनी सी अवधि में इतना बलशाली राष्ट्र बनाना क्या हिटलर के अलावा किसी अन्य नेता द्वारा संभव हो सकता था? वर्साय की अपमानजनक संधि का बदला लेने के लिए जर्मनी को राख से उठाकर खड़ा किया। डॉ. धवन ने संकेत किया कि सिंह की गुफा में जानेवाले पाँवों के चिह्न सभी देखते हैं, पर बाहर निकले प्राणियों के पदचिह्न कभी दिखाई नहीं देते। वस्तुत: सुभाषबाबू ने एक बहुत जोखिम भरा कदम उठाया था।

सुभाषबाबू के लिए होटल एस्प्लेनेड में राजशाही व्यवस्था की गई थी। एमिली को भी वियना से वहीं बुला लिया गया। जर्मनी के विदेश विभाग ने हिंदुस्तान के लिए विशेष विभाग खोला। डॉ. अलेक्लेंडर रीथ व डॉ. ऐडम ट्रॉट दो वरिष्ठ अधिकारी नियुक्त किए गए। पहली ही बैठक में सुभाषबाबू ने कहा, आप मुझे आधुनिक शस्त्रास्त्रों से सज्जित पचास हजार की सेना गठित करने में सहायता करें, मैं हिंदुस्तान में क्रांति कर दिखाऊँगा। मेरे आह्वान पर मेरे देश की जनता ही नहीं, ब्रिटिश हिंदी फौज के जवान भी विद्रोह का बिगुल फूँक देंगे। उन्होंने 'आजाद हिंद सरकार' की स्थापना की भी अनुमति माँगी। उस समय जर्मनी में केवल उनतालीस भारतीय थे, जिनके बल पर सेना खड़ी करने की उनकी सोच सभी को अव्यावहारिक प्रतीत होती थी। उन्होंने जर्मनी के विदेश विभाग को प्रस्ताव भेजकर काबुल में गुप्त गतिविधियों का केंद्र खोलने, अफगानिस्तान की पहाड़ियों में मुद्रण यंत्र भिजवाने तथा स्थान-स्थान पर रेडियो प्रसारण केंद्र शुरू कर ब्रिटिश विरोधी प्रचार की अनुमति माँगी। जर्मनी उस समय स्वयं युद्ध में फँसा हुआ था। दूसरे, हिटलर भी सुभाष पर विश्वास नहीं कर पा रहा था। शीघ्र ही 29 अप्रैल, 1941 को उन्हें वियना में जर्मनी के विदेश मंत्री रिब्रेनट्रॉप से भेंट का अवसर मिला। उन्होंने पूछा, इस विश्वयुद्ध के प्रति मिस्टर गांधी का क्या दृष्टिकोण है। सुभाष ने उत्तर दिया—इतने वर्षों तक ब्रिटिश शासन का विरोध किया और विश्वयुद्ध पर मौन धारण कर लिया। उनकी इस आत्मघाती नीति से मेरा विरोध है, जिसने हमारे स्वतंत्रता के आंदोलन को गंभीर क्षति पहुँचाई है। रिब्रेनट्रॉप ने पुन: प्रश्न किया, यदि अंग्रेजों ने आपके विरोध में गांधीजी को ही खड़ा कर दिया या गांधीजी ही अंग्रेजों के पक्ष में हो गए, तो आपकी स्थिति क्या होगी? सुभाष सचमुच एक क्षण निरुत्तर हो गए, फिर कहा, हमारे व्यक्तिगत मतभेद चाहे कितने भी गहरे हों, पर महात्मा गांधी मेरी निष्ठा व ताकत और अंग्रेजों के ढोंग को भलीभाँति पहचानते हैं। मि. रिब्रेनट्रॉप ने फिर प्रश्न किया, आपने सहायता के लिए जर्मनी को ही क्यों चुना? ''जर्मनी और रूस की संधि को मैं अंग्रेजों के विनाश की संधि मानता हूँ।'' जापान के विषय में आपकी

राय क्या है?'' ''उनकी ब्रिटेन विरोधी भूमिका का मैं स्वागत करता हूँ।'' जर्मनी से आपकी क्या अपेक्षा है?'' ''प्रचार-कार्य के लिए आकाशवाणी केंद्र, अस्थायी सरकार को समर्थन तथा शीघ्र सेना की स्थापना करना चाहता हूँ। सबसे बड़ी बात आप अभी ही घोषणा कर दें कि अंतिम विजय प्राप्त होते ही आप भारत को स्वतंत्र कर देंगे।'' चाय-पान के समय उन्होंने यह भी कहा कि दक्षिण-अफ्रीका में जर्मनी ने ब्रिटिश-हिंद फौज के हजारों हिंदुस्तानियों को बंदी बनाया है। उन्हें आप मुझे सौंप दें, जिनको संगठित करके मैं अपनी आजाद हिंद फौज की रचना करूँगा। विदेश मंत्री रिब्रेनटूँप एक साथ कई मोरचों पर युद्ध होने से अत्यधिक व्यस्त थे। बीच-बीच में तार, संदेश व अधिकारियों का आवागमन बना हुआ था। उन्होंने कहा—मैं आकाशवाणी केंद्र की स्थापना की व्यवस्था किए देता हूँ। सुभाषबाबू ने माननीय हिटलर से शीघ्र मुलाकात की इच्छा व्यक्त की। विदेश मंत्री ने कहा, वे कार्याधिक्य के कारण व्यस्त हैं। समय आने पर मुलाकात होगी, तब तक मुझसे पुन: मिलें। अपनी इस प्रथम सफलता से सुभाषबाबू अत्यंत प्रसन्न थे। सुभाषबाबू ने हिटलर की तानाशाही और सत्तामद को देख लिया था। एडम ट्राट उन्हें पूर्ण सहयोग कर रहा था। तभी सुभाष को पता लगा कि हिटलर अनाक्रमण संधि को भंग कर रूस पर आक्रमण करनेवाला है। सुभाष तो अनाक्रमण संधि का लाभ उठाकर रूस की सरहद से भारत पर आक्रमण करना चाहते थे।

सुभाषबाबू की वह रात अत्यंत कष्टपूर्ण थी। हिटलर के इंग्लैंड-प्रेम ने अपने विश्वासपात्र सहयोगी रूडोल्फ हेस को भी बलि चढ़ा दिया। वे विचार कर रहे थे भारत में अंग्रेजों के बंदीगृह में सड़ना और जर्मनी में क्रूर सिंह की गुफा दोनों में से कौन सा मार्ग मुझे स्वतंत्रता की तरफ ले जाएगा। तभी एक रात डॉ. ट्राट का बुलावा आया कि हिटलर को भारत की स्वतंत्रता की घोषणा करनी है। घोषणा-पत्र तैयार करना है। संक्षिप्त घोषणा-पत्र डॉ. ट्राट ने तैयार किया था, जिसकी घोषणा 25 मई को होनेवाली थी। सुभाष आज फिर प्रसन्न थे। उन्होंने भगतराम सहित अपनी अफगानी सीमा के मित्रों को संदेश भिजवाया। शीघ्र ही धुरी राष्ट्र हमारी स्वतंत्रता की घोषणा करनेवाले हैं। काबुल-कंधार के पहाड़ी प्रदेश में विमानतल के लिए गुप्त स्थान खोजा क्या? ईंधन की व्यवस्था कैसे होगी? इस कार्य को शीघ्र निबटाओ। पर चौबीस मई बीत गई, हिटलर ने घोषणा-पत्र पर हस्ताक्षर नहीं किए। नाजियों की मायावी चालों में सुभाष का मन छटपटा रहा था। प्रथम स्वतंत्रता-संग्राम में शहीदों के रक्त से रंजित लाल-किला मानों उन्हें आवाज दे रहा था। मित्र की सलाह पर मुसोलिनी से मिलने वे इटली पहुँचे। इटली में उनकी निवास व्यवस्था रोम के सर्वोत्तम होटल एक्सेल्सियर में हुई। इटली में मुसोलिनी से मुलाकात नहीं हुई। सभी विश्वयुद्ध से जूझ रहे थे। उन्हें मुसोलिनी के दामाद और इटली के विदेशमंत्री सियानो से मिलवाया गया। वास्तविकता यही थी कि बोसबाबू के इटली पहुँचने के पूर्व ही रिब्रेनट्रोंप का तार रोम पहुँच चुका था कि इस उलझे प्रश्न पर अनावश्यक उत्साह न दिखाया जाए, हिंदुस्तान के मामले पर फुरसत से विचार किया जाएगा। एक पाकिस्तान समर्थक भारतीय इकबाल सिदेई ने रोम के विदेश-विभाग में अपनी घुसपैठ

बना ली थी और वह सुभाष का महत्त्व बढ़ते हुए नहीं देख सकता था। हिटलर का संपूर्ण व्यक्तित्व स्वार्थी, अतर्कसंगत, विश्वासघाती और अस्थिर था। इटली और जर्मनी दोनों ने ही उन्हें निराश किया था। रोम अंतरराष्ट्रीय जासूसी गतिविधियों का केंद्र था। इटली में सुदृढ इच्छाशक्ति का अभाव था। जर्मनी में स्वतंत्र भारत केंद्र की स्थापना हो चुकी थी, उन्हें सूचना मिली कि उस केंद्र की सहायता राशि बढ़ा दी गई है। हिटलर से मतभेद होने पर भी जर्मनी ही इटली की तुलना में अनुकूल था, अतः सुभाषबाबू जर्मनी लौट आए। उनकी लक्ष्यपूर्ति में विलंब हो रहा था, अतः वे उद्विग्न थे।

हिटलर सुभाष का पर्याप्त सम्मान करता था, परंतु इस समय विश्वयुद्ध में फँसा हुआ था, दूसरे हिटलर भारत के विषय में भ्रम में था। इस जर्मनी-प्रवास में उनकी मुलाकात इराक के क्रांतिकारी रशीद-अली-गिलानी से हुई, जिन्होंने 1940 में इराक में क्रांति करके एक नई सरकार की स्थापना की थी और इराक के विश्वयुद्ध में भाग लेने का विरोध किया था। दोनों महान् नेताओं ने अपने-अपने देश की समस्याओं पर विचार-विमर्श किया। यहीं उनकी मुलाकात फिलिस्तीनी नेता अमीर-उल-हुसैनी से हुई, जो सुभाष के प्रशंसक थे। हिटलर भी सुभाष के व्यक्तित्व से बहुत प्रभावित हुए, उन्हें 'मुक्त भारत का नेता' (फ्राइज इंडीशे फूहरर) कहा गया। सुभाषबाबू ने अपनी योजना बताते हुए कहा कि वे जर्मनी में भारत की आजादी के लिए एक जर्मन हस्तक्षेप से मुक्त संगठन बनाना चाहते हैं। प्रवासी भारतीयों व भारतीय बंदियों को मुक्त करके इस संगठन में शामिल होने की अनुमति दी जाए। हिटलर ने उनकी माँगों को स्वीकार कर सहयोग का आश्वासन दिया। सुभाष को रहने के लिए तीस कमरों वाला एक बँगला मिल गया था। वे जर्मनी में एक भारतीय नेता के रूप में स्वीकार किए गए। सुभाष अपने निष्क्रमण को आकाश के माथे पर छलाँग के रूप में देख रहे थे। वे अंग्रेजी साम्राज्य को विश्वयुद्ध के पश्चात् खंड-खंड होता देख रहे थे। मंदी से जूझते जर्मनी को हिटलर ने थोड़े से ही समय में बलशाली राष्ट्र बना दिया था। वर्साय संधि के प्रतिकार में इंग्लैंड और फ्रांस से बदला लेने में वह सफल हुआ था।

अक्तूबर 1941 में जर्मन के तथा यूरोप के अन्य देशों के प्रवासी भारतीयों को, जो चौंतीस थे, एक बर्लिन सम्मेलन में बुलाया गया। सम्मेलन में आकर ही लोगों को ज्ञात हुआ कि इसके आयोजक सुभाषचंद्र बोस हैं। इस सम्मेलन में उन्होंने अपने बर्लिन आगमन का उद्देश्य स्पष्ट करके भारतीयों को विश्वयुद्ध की स्थिति का लाभ उठाकर संघर्ष के लिए एकजुट हो जाने की प्रेरणा दी। नेताजी ने बर्लिन में एक 'सेंट्रले फ्राइज इंडीन' नाम से (आजाद हिंद-केंद्र) कार्यालय खोला। आजाद हिंद रेडियो व आजाद हिंद सेना उसकी प्रस्तावित शाखाएँ थीं। इस कार्यालय का स्तर अर्द्ध-दूतावास के समकक्ष था। जर्मन सरकार की ओर से नेताजी का व्यक्तिगत मासिक व्यय आठ सौ पौंड तथा केंद्र (संघ) का व्यय बारह सौ पौंड निर्धारित किया गया, जो बाद में बढ़ाकर बत्तीस सौ पौंड किया गया। यह भी तय किया गया कि संघ के विस्तार के साथ यह राशि बढ़ाई जाएगी। जर्मन सरकार की ओर से यह व्यय भारत एक ऋण की तरह स्वीकार करेगा, जो स्वतंत्रता के बाद

चुका दिया जाएगा। यह ऋण सुभाषचंद्र बोस की साख पर दिया जा रहा है, अत: चुकाने का उत्तरदायित्व सुभाषचंद्र बोस पर है। इस प्रकार जर्मनी में आजाद हिंद संघ को भारतीय दूतावास की तरह सारी सुविधाएँ दी गईं। एडम-वॉल टॉड तथा अलेक्जेंडर बर्थ उनके जर्मन सहयोगी थे। फ्रांस में कार्यरत वरिष्ठ पत्रकार श्री एन.सी. नांबियार आजाद हिंद संघ के उपप्रधान बने। यूरोप के अनेक भागों में आजाद हिंद संघ की शाखाएँ स्थापित की गईं।

आजाद हिंद संघ की प्रथम बैठक 2 नवंबर, 1941 को हुई। इस बैठक में सभी ने सुभाष बोस के प्रति निष्ठा व भारत की आजादी के लिए समर्पण की शपथ ली। इसमें संघ की भाषा हिंदुस्तानी, जन-गण-मन को राष्ट्रगीत, अभिवादन जयहिंद तथा सुभाषचंद्र बोस को 'नेताजी' स्वीकार किया गया। राष्ट्रीय आंदोलन के लिए योजनाएँ तथा स्वतंत्र भारत की रूपरेखा बनाने के लिए एक योजना समिति तथा एक प्रशिक्षण संस्थान की स्थापना की गई। इस संघ ने आजाद हिंद फौज की स्थापना की तथा आजाद हिंद रेडियो आरंभ किया। 25 मार्च, 1942 को नेताजी ने अपने देशवासियों के नाम संदेश प्रसारित किया। सभी देशों ने इसका स्वागत किया। प्रारंभ में यह प्रसारण केवल हिंदी में था। बाद में अंग्रेजी, फारसी, पश्तो, तमिल, तेलुगु, गुजराती, मराठी, बांग्ला आदि नौ भाषाओं में किया जाने लगा। प्रसारण समय 45 मिनट से बढ़कर तीन घंटे पचास मिनट कर दिया गया। प्राकृतिक विपदाएँ व शत्रुपक्ष की बमबारी का इस पर कोई असर नहीं पड़ा। यह अप्रैल 1945 तक काम करता रहा। इस रेडियो द्वारा ही नेताजी ने भारत में चल रहे 'भारत छोड़ो' आंदोलन का निर्देशन किया। अंग्रेजी वस्तुओं के बहिष्कार व प्रशासकीय भंडारों को आग लगाने, अंग्रेज भक्त भारतीयों का बहिष्कार करने, गोपनीय आकाशवाणी केंद्र व विज्ञप्तियाँ प्रकाशित करने, अंग्रेज अधिकारियों के घर धरना देने, प्रशासनिक कार्यालय पर कब्जा कर शासन ठप्प करने, जनता पर दमनचक्र में सहयोगी पुलिस-जेल अधिकारियों को दंडित करने, युद्ध में सहायता के लिए बने कार्यालयों-कारखानों में आग लगा देने, युद्ध के वाहनों के आवागमन में रुकावट डालने, पुलिस स्टेशन आदि जो एकांत में हों, उन्हें नष्ट कर देने आदि के निर्देश दिए। अपने प्रसारणों से देशवासियों में नवचेतना जाग्रत् कर उत्तम समय का उपयोग करने की सलाह दी। भारत के बाहर रह रहे भारतीयों पर भी भाषणों का प्रभाव पड़ा। वे संगठित होकर योजनाएँ बनाने लगे। इन प्रसारणों ने अंग्रेजों के मनोबल को तोड़ दिया।

सुभाषबाबू अपने साथियों में नेताजी कहकर संबोधित किए जाते थे। 'आजाद हिंद' नामक पत्रिका का भी प्रकाशन प्रारंभ किया गया। एक योजना समिति का गठन किया गया। वे हिंदुस्तानी युद्धबंदी उपलब्ध कर एक मुक्तिसेना का गठन करना चाहते थे। सर्वप्रथम उन्हें सिचिलीफेन नामक स्थान पर तीस हिंदुस्तानी युद्धबंदियों का छोटा सा कैंप होने की सूचना मिली। एमिली, आबिद हसन और एन.जी. स्वामी भी उनके साथ हो लिये। उन तीस श्रोताओं को समझा पाना कठिन था। केवल तीन सैनिकों ने अंग्रेजों के विरोध में खड़े होना स्वीकार किया। अनाबर्ग में भी भारतीय युद्धबंदी

छावनी में कैद थे। इन्हें विश्वास में लेना कठिन काम था। उन लोगों ने इसे जर्मनी की कुटिल चाल समझा। आबिद हसन और एन.जे. स्वामी उत्साह से छावनी में पहुँचे। उनके आगे-पीछे सशस्त्र जर्मनी संतरी थे। युद्धबंदियों ने उन्हें जर्मनी के एजेंट व नाजियों के दलाल कहकर धिक्कार दिया। अमेरिकन और ब्रिटिश समाचार-पत्र सुभाषबाबू को जर्मनी के एजेंट और नाजियों का दलाल कहकर घृणास्पद प्रचार कर रहे थे। दूसरे दिन सुभाष बोस आए। उनके भाषण के बाद भी केवल छह जवान ही आगे आए। ब्रिटिशों के दलाल कह रहे थे कि नमकहरामी मत करना। हमने ब्रिटिशों का नमक खाया है। सुभाष मराठा रेजिमेंट में पहुँचे। उन्हें वीर शिवाजी, झाँसी की रानी, तात्या टोपे की याद दिलाते हुए आजाद हिंद फौज में सम्मिलित होने का आह्वान किया। बर्फ बरसाती सारी रात उन्हें समझाने में बीत गई। उनके सहमत हो जाने पर दूसरी रेजीमेंट की ओर बढ़े, जहाँ उन्हें जान से मारने की धमकियाँ व मुर्दाबाद के नारे सुनाई दिए। चार-चार पीढ़ियों तक ब्रिटिश फौज में सेवा करनेवाले ब्रिटिशपरस्त अधिकारियों की साजिश थी। नेताजी को समझाना पड़ा कि तुम इंग्लैंड की रानी का नहीं, देश का नमक खाते हो।

नेताजी लगातार बर्लिन और रोम से भारत की स्वतंत्रता के विषय में जर्मनी और इटली की नीति की घोषणा की माँग कर रहे थे, पर परिणाम शून्य था। तभी उन्हें जापान के राजदूत ओशिमा से मिलने का निमंत्रण मिला। वे सुबह ग्यारह बजे जापानी दूतावास पहुँच गए। यहाँ उनकी भेंट राजदूत ओशिमा और कर्नल यामाटोमो से हुई। उन्होंने टोकियो पहुँचकर रासबिहारी बोस के नेतृत्व में भारत की स्वतंत्रता का आंदोलन प्रारंभ रखने की सलाह दी। जर्मन सरकार ने उनकी सब बातें मान ली थीं। राजमहल सा घर, विशेष विमान, युद्धबंदियों का प्रत्यर्पण, आजाद हिंद रेडियो, सब हिटलर की स्वीकृति से ही संभव था। पर उनका मन शीघ्र जापान पहुँचने का हो गया था।

भारत के स्वतंत्रता संग्राम में प्रवासी भारतीयों की महत्त्वपूर्ण भूमिका है। भारत की क्रांति का प्रसार यूरोप और अमेरिका में भी हुआ। 'गदर पार्टी' के अनेक क्रांतिकारी सदस्य भारत से बाहर रहकर भारत की स्वतंत्रता की योजनाएँ बना रहे थे। इसका अपना इतिहास है। दक्षिणपूर्व एशिया में भी भारत की स्वतंत्रता का आंदोलन उतनी ही तेजी से चला। अनेक प्रवासी भारतीयों ने जीवन की अमूल्य आहुतियाँ दीं। ये प्रवासी भारतीय दक्षिणपूर्व एशिया के प्राय: सभी भागों में निवास करते थे। कुछ लोगों ने अंग्रेजों की लुटेरी नीति के चलते अपनी आजीविका के लिए भारत से प्रवास किया था। कुछ लोगों को मजदूर के रूप में अंग्रेज ही यहाँ लाए थे। ब्रह्मदेश 1935 तक भारत का ही भाग था। यहाँ बसे हुए अधिकांश दक्षिण भारतीय मजदूर थे। कुछ व्यापारी भी वहाँ दुकानदार व साहूकार के रूप में विद्यमान थे। बर्मा के प्रवासी क्रांतिकारियों में भिक्षु उत्तमा का नाम उल्लेखनीय है, जिन्हें जापान में निर्वासित जीवन बिताना पड़ा। मलेशिया (मलाया) में प्रवासी कुली, सिपाही, मजदूर, चौकीदार थे। कुछ लोग साहूकार, जमींदार, वकील, डॉक्टर व प्राध्यापक भी थे, अत: यहाँ प्रवासी भारतीयों में राजनैतिक चेतना अधिक थी। यहाँ भारतीय संघ, मजदूर संघ

व व्यापारी संघ जैसी संस्थाएँ थीं। श्री एन. राघवनू मलाबार-निवासी थे, जिन्होंने यहाँ अपनी वकालत प्रारंभ की थी। वे भारतीय स्वतंत्रता आंदोलन में जुड़े रहे। थाईलैंड में प्रवासी भारतीयों की संख्या काफी थी। यहाँ पंजाब व उत्तर प्रदेश से पहुँचे व्यापारी अधिक थे। लाला हरदयाल थाईलैंड होकर ही यूरोप पहुँचे थे, जिन्हें प्रवासी भारतीयों ने सहायता की थी। परिणामस्वरूप बुद्धसिंह को कालेपानी की सजा हुई, जिसका परिणाम मृत्यु के रूप में हुआ। इंडोनेशिया के जावा, सुमात्रा व बोर्नियो में भारतीय श्रमिक तथा ब्रिटिश-पुलिस के रूप में थे। कुछ व्यापारी भी थे। फिलीपींस व हांगकांग में भारतीय छात्र अधिक संख्या में थे। शंघाई में बाग उसमान खाँ ने क्रांतिकारी संगठन बनाकर अपना समाचार-पत्र चीन, जापान, जावा, सुमात्रा इंडोनेशिया, मलाया, बर्मा व भारत के प्रमुख नगरों में पहुँचाया था।

जापान में प्रवासी भारतीय सम्मान का जीवन व्यतीत कर रहे थे। वे व्यापारी थे, उनका जीवन स्तर ऊँचा था। द्वितीय विश्वयुद्ध के समय स्वाधीनता संग्राम में सक्रिय भूमिका निभाने और प्रवासी भारतीयों के हितों की रक्षा के लिए विभिन्न संघों की स्थापना हुई। भारत के महान् क्रांतिकारी रास बिहारी बोस, जो जून 1915 में जापान आ गए थे। सन् 1911 में लॉर्ड होर्डिंग पर बम फेंकने के पश्चात् बच निकले थे। उन्हें जिंदा या मुरदा पकड़ने पर भारतीय अंग्रेज सरकार ने एक लाख रुपए का इनाम रखा था। रासबिहारी बोस सुभाषबाबू के बचपन में विख्यात वीर व प्रेरणापुरुष के रूप में विख्यात थे। यद्यपि वे अपनी मातृभूमि लौट नहीं सकते थे, पर जापान में आकर प्रवासी भारतीयों को संगठित करने का तथा आजाद हिंद फौज बनाने का कार्य करने में जुटे हुए थे। सुभाषबाबू के आने के पहले ही वे जापान में कैप्टन मोहनसिंह के नेतृत्व में जापान में आजाद हिंद फौज की स्थापना कर चुके थे। सुभाषचंद्र बोस के जापान पहुँचने से पूर्व रासबिहारी बोस व कैप्टन मोहनसिंह के कार्यों का संक्षिप्त विवरण आवश्यक है।

जापान द्वारा मलेशिया और मलेशिया की राजधानी सिंगापुर जीत लेने पर ब्रिटिश फौज के हजारों की संख्या में अंग्रेज, ऑस्ट्रेलियन, भारतीय गिरफ्तार हुए थे। मलेशिया से तो अंग्रेज समाप्त हो चुके थे। अंग्रेजों की वीरता की पोल भी खुल गई थी। अंग्रेज अधिकारी दुश्मनों की तोपों के सामने गुरखा, मराठे, राजपूत आदि भारतीय सैनिकों को ही सामने रखते थे। पर पदोन्नतियाँ व पदक अंग्रेज अफसरों को मिलते थे। आत्मसमर्पण सबसे पहले अंग्रेज सैनिकों ने ही किया था। रासबिहारी बोस तथा उनके इंडियन इंडिपेंडेंस लीग के प्रभाव से इन बंदियों में से भारतीय युद्धबंदियों के साथ दुर्व्यवहार न करने के जापान सरकार के आदेश थे। रासबिहारी बोस के साथ मलेशिया की भूमि पर भारतीय स्वाधीनता के लिए प्रयासरत एक और व्यक्ति थे—स्वामी सत्यानंदपुरी, जिनका वास्तविक नाम प्रफुल्ल सेन था, जो ब्रंगाल की अनुशीलन समिति के सदस्य थे। वे थाईलैंड में बौद्ध दर्शन पर भाषणों के लिए आमंत्रित थे और उनके आग्रह पर थाईलैंड में ही रह गए थे। वे इंडियन इंडिपेंडेंस लीग की थाई शाखा के सदस्य थे। अमेरिका में गठित गदर पार्टी के सदस्य सरदार ज्ञानी

प्रीतमसिंह भी रासबिहारी बोस के सहयोगी सदस्य थे।

जापान का मलाया पर आक्रमण 8 दिसंबर, 1941 को हुआ था। दक्षिण-पूर्व एशिया की भारतीय क्रांतिकारी संस्थाएँ गोपनीयता छोड़कर स्पष्ट रूप से भारतीय स्वाधीनता के लिए प्रयास करने लगी थीं। उक्त तीनों नेता युद्धबंदियों से भारतीय मुक्तिवाहिनी का निर्माण करने लगे। इससे जापानियों को लाभ था कि उन्हें इन युद्धबंदियों की निगरानी नहीं करनी थी, इनका खर्च भी भारतीय वहन करनेवाले थे। उन्हें सहायक सेना मिल रही थी। इससे अंग्रेजों के हौसले पस्त हो जाते थे।

मेजर मोहनसिंह मलाया के अलोर स्टार रेलवे स्टेशन कर्नल फिट्ज पैट्रिक ब्रिटिश कमांड के आदेश की प्रतीक्षा में थे, तभी जापानी बमबर्षक विमानों के अलोरस्टार सहित जित्रा, पेनांग, सिंगापुर, शिगोरा, पर्ल हार्बर आदि सभी प्रमुख बंदरगाहों पर हवाई आक्रमण की सूचना मिली। थोड़ी देर पहले तक शेखी बघारनेवाले इस अंग्रेज की तरह समस्त ब्रिटिश फौज के हौसले जापान के इस आकस्मिक, अप्रत्याशित और साहसपूर्ण आक्रमण से पस्त हो गए थे। कर्नल फिट्स घायल होकर मोहनसिंह से मरण-यातना से मुक्ति के लिए गोली चलाने की याचना कर रहा था। मोहनसिंह ने यथाशक्य मरहमपट्टी की और उसे पानी पिलाया। दो-तीन दिन में उनकी रेजीमेंट के बिछुड़े साथी अकरम उनसे आ मिले। भोजन की तलाश में मोहनसिंह अकेले ही निकले, तभी सात-आठ जापानी सैनिकों ने उन्हें घेर लिया। भारतीय जानकर मित्रता की। दूसरे दिन उसी जंगल में ज्ञानी प्रीतमसिंह और फूजीवारा उनसे मिलने आए। ज्ञानी प्रीतमसिंह मोहनसिंह और अकरम को अपने साथ ले गए। फिट्ज पैट्रिक को जापानी फौजी अधिकारी फूजीवारा अपने साथ ले गए। रात्रि में फूजीवारा मोहनसिंह से मिलने आए। जापान के सहयोग से भारत की आजादी तथा आजाद हिंद फौज के गठन की जानकारी देते हुए उनके सामने नेतृत्व का प्रस्ताव रखा।

कैप्टन मोहनसिंह ने आजाद हिंद फौज में भरती का काम तेजी से शुरू किया। प्रत्येक बंदी शिविर में पहुँचकर भारतीय बंदी सैनिकों को आजाद हिंद फौज में भरती होने के लिए प्रेरित किया। उस समय कुआलालंपुर सबसे बड़ा बंदी शिविर था, जहाँ उन्होंने चार हजार युद्धबंदियों को आजाद हिंद फौज में भरती किया। फौज के दो भाग कर एक भाग को कैप्टन अल्लादित्ता खाँ के नेतृत्व में सिंगापुर युद्ध में भेजा। दूसरे भाग का नेतृत्व मेजर रामस्वरूप ने किया, जिसने बर्मा में बसे हुए भारतीयों की प्राणरक्षा की।

भारतीय क्रांतिकारियों ने प्रथम विश्वयुद्ध के समय सिंगापुर को आजाद करा लिया था। अमेरिका से लौटते समय गदर पार्टी के एक सदस्य झाँसी के पं. परमानंद ने सिंगापुर में ब्रिटिश सेना के भारतीयों के सामने ऐसा उत्तेजक भाषण दिया कि पूरी सेना में विद्रोह हो गया। सिंगापुर के सारे अंग्रेज या तो मार डाले गए या फिर बंदी बना लिये गए थे। परंतु शीघ्र ही अंग्रेजों ने जलमार्ग से सेनाएँ भेजकर सिंगापुर पर पुनः अधिकार कर लिया था।

8 फरवरी, 1942 को सिंगापुर पर मुट्ठी भर क्रांतिकारियों ने नहीं, एक स्वाधीन राष्ट्र जापान

की सेनाओं ने भरपूर आक्रमण किया, जिसे आजाद हिंद फौज का समर्थन प्राप्त था। शीघ्र ही 15 फरवरी, 1142 को सिंगापुर फतह कर लिया। ब्रिटिश फौजों ने आत्मसमर्पण किया। 17 फरवरी को भारतीय सैनिक अधिकारियों को फारेर पार्क में उपस्थित होने का आदेश मिला। कर्नल हंड ने भारतीय सैनिकों को भेड़-बकरियों की तरह जापानियों को सौंप दिया। फूजीवारा ने कहा, ''एशिया की स्वाधीनता और विश्वशांति के लिए भारत की स्वाधीनता आवश्यक है। भारतीयों का कर्तव्य है कि वे अपने देश को स्वतंत्र कराएँ, उनके इस कार्य में जापान भारत की सहायता के लिए तैयार है। कैप्टन मोहनसिंह के नेतृत्व में जापान ने मलेशिया और सिंगापुर को जीत लिया है। वे बर्मा में आगे बढ़ रहे हैं। भारत स्वाधीनता की देहली पर आ पहुँचा है। इसके लिए हम भारतीय नागरिकों व सैनिकों की आजाद हिंद फौज का निर्माण कर रहे हैं।'' इस भाषण पर सैनिकों के एक वर्ग ने बड़े जोर से इनकलाब जिंदाबाद के नारे लगाए। कुछ फौजी अफसर तटस्थ रहे। शाहनबाज खान का जन्म अंग्रेजों के प्रति निष्ठा रखनेवाले एक फौजी खानदान में हुआ था। उन्हें यह जापानी सरकार की चालबाजी लगी। आजाद हिंद फौज जापानियों के हाथ की कठपुतली प्रतीत हुई। वे बीस हजार सैनिकों के कमांडर थे। उन्होंने अपने सैनिकों से कहा, मेरी चार पीढ़ियों ने अंग्रेजों का नमक खाया है। यदि तुम्हें कोई नमक से गद्दारी की सीख दे, तो बंदूकों का मुँह उल्टे उन्हीं की ओर कर दो।

उधर भारत में अंग्रेज सरकार फॉरवर्ड ब्लॉक के नेताओं को गिरफ्तार कर रही थी। हिंदुस्तानियों के मन में जापानियों के प्रति तिरस्कार उत्पन्न करने का प्रयत्न कर रही थी। बी.बी.सी. लंदन से सुभाषचंद्र की मृत्यु की खबरें प्रसारित हो रही थीं। इसके विरोध में सुभाष बोस ने अपना भाषण आजाद हिंद रेडियो से प्रसारित किया।

आजाद हिंद संघ का प्रथम सम्मेलन श्री राघवनू की अध्यक्षता में 1 मार्च, 1942 को सिंगापुर में हुआ, इसमें थाईलैंड और मलाया के प्रतिनिधि सम्मिलित हुए। इस सम्मेलन में स्वामी सत्यानंद पुरी (प्रफुल्ल सेन) ने बताया कि उन्होंने बैंकॉक से तार भेजकर सुभाषबाबू को दक्षिण-पूर्व एशिया में निमंत्रित किया है। दूसरा त्रिदिवसीय सम्मेलन रासबिहारी बोस की अध्यक्षता में मार्च 1942 को टोकियो में हुआ। इसमें हांगकांग व शंघाई से भी प्रतिनिधि शामिल हुए। सम्मेलन भाग लेने आते समय सत्यानंद पुरी, मोहम्मद अकरम, प्रीतमसिंह, नीकलंठ अय्यर वायुयान दुर्घटना में मृत्यु को प्राप्त हुए। पूरे सम्मेलन पर इन निर्भय देशभक्तों की मृत्यु की विषादपूर्ण छाया छाई रही। जापानी हस्तक्षेप पर अविश्वास को दूर करने के लिए यह प्रस्ताव पारित हुआ कि राष्ट्रीय आंदोलन का ध्येय भारत की पूर्ण स्वाधीनता है, जो विदेशी सत्ता के प्रभाव से रहित हो तथा जापान उन्हें ऋण व सम्मान का दर्जा दे। इस उद्देश्य की पूर्ति का यही समय है। अन्य प्रस्ताव भी पास हुए। रासबिहारी संघर्ष समिति के अध्यक्ष बने। तीसरा सम्मेलन आजाद हिंद फौज के वरिष्ठ अधिकारियों का बीदादरी में हुआ। यह समय युद्ध का था। जापान ने थाईलैंड और बोर्नियों के क्षेत्र में निर्माण

करने के लिए कुछ भारतीय सैनिकों की माँग की। एक हजार व्यक्तियों का दल बैंकॉक भेजा गया। इन अधिकारियों से जापानी अधिकारियों का मतभेद हो गया। उन्होंने भारतीय अधिकारियों को गिरफ्तार कर लिया। मोहनसिंह ने हस्तक्षेप कर उन्हें मुक्त कराया। चांगी शिविर में अंग्रेज बंदियों का शिविर था, जिसे जापानियों के कहने पर श्री जी.एस. ढिल्लन ने संचालित किया। नेताजी के आगमन तक वे यह कार्य करते रहे।

जापानियों की नीयत साफ नहीं थी, वे भारतीय सेना का उपयोग अपने लिए करना चाहते थे, उन्होंने 900 भारतीय विमान-भेदी सैनिकों की माँग की। कैप्टन मोहनसिंह ने 600 सैनिक दिए। पता चला कि इनका उपयोग अंग्रेजी बम-बर्षकों का कड़ा मुकाबला करने में किया गया। इससे अन्य सैनिकों में रोष व्याप्त हो गया। इसी वातावरण में बैंकॉक सम्मेलन की तैयारी की गई। आजाद हिंद संघ की स्थापना 1924 में हो चुकी थी, पर बैंकॉक सम्मेलन से उसकी सत्ता की विश्व भर को जानकारी मिली। यह सम्मेलन 15 जून, 1942 को आयोजित हुआ। इसके अनेक उद्‌देश्यों में आजादी के युद्ध के लिए भारतीय राष्ट्रीय कांग्रेस का सहयोग प्राप्त करना भी था। अध्यक्षता श्री रासबिहारी बोस ने की। सैनिक व नागरिक समस्त प्रतिनिधियों की संख्या 120 थी। फौजी प्रतिनिधि कैप्टन मोहनसिंह को जनरल का पद दिया गया। इसमें जापान, मंचूको, हांगकांग, बर्मा, जावा, सुमात्रा, बोर्नियो, मलाया, थाईलैंड, शंघाई, मनीला, इंडोचीन व अंडमान-निकोबार से प्रतिनिधि सम्मिलित हुए थे। बैंकॉक के प्रसिद्ध सिल्वर कॉर्न रॉयल थिएटर के विशाल भवन में सम्मेलन आयोजित हुआ था। गांधी, नेहरू, सुभाष व अबुल कलाम आजाद के फोटो लगे हुए थे। चारों ओर उनके सुंदर घोषवाक्य सजाए गए थे, जैसे स्वराज्य हमारा जन्मसिद्ध अधिकार है। एशिया एशिया के लोगों के लिए है। थाईलैंड व जापान के प्रधानमंत्रियों के पश्चात् नेताजी सुभाष बोस का भाषण पढ़ा गया। नेताजी ने कहा था—ब्रिटिश-विरोधी अभियान में हमारे मित्र जापान, जर्मनी व इटली राष्ट्र हैं, यह मेरा 18 महीने के विदेश प्रवास का अनुभव है। इसके पश्चात् रासबिहारी बोस जर्मन राजदूत, इटली के एकमंत्री जापान के राजदूत व भारतीय नेताओं के भाषण हुए। इसमें अनेक महत्त्वपूर्ण पैंतीस प्रस्ताव पारित हुए। जर्मन, इटली, थाईलैंड व जापान की सरकारों के प्रति कृतज्ञता ज्ञापित की गई। मोहनसिंह का कर्तृत्व व वक्तृत्व दोनों अद्‌भुत थे।

मेजर एम.जेड. कियानी ने आजाद हिंद फौज में विभिन्न बारह दलों का प्रावधान किया। 15 फरवरी, 1942 को सिंगापुर में ब्रिटिश सेना की पराजय हुई, तब पाँच हजार युद्धबंदी जापानी सरकार के प्रतिनिधि फौजी को सौंपे गए। इन्हीं फौजियों में से चार हजार युद्धबंदियों से मोहनसिंह के नेतृत्व में आजाद हिंद फौज का गठन हुआ। जो इससे सम्मिलित नहीं होना चाहते थे, वे युद्धबंदी ही बने रहे। कुछ अनुभवहीन नए युवक भी भरती हुए, जिन्हें विधिवत् प्रशिक्षण दिया गया। आजाद हिंद फौज की विधिवत् स्थापना सितंबर 1942 ई. में की गई। इनके कार्य भारतीय नागरिकों का ध्यान रखना, युद्ध कार्य के लिए श्रमिकों की व्यवस्था, भारतीय नागरिकों में देशभक्ति की भावना जाग्रत्

करना, कुआलालंपुर व पेनांग में नागरिक प्रशिक्षण विद्यालय बनाना आदि थे।

जापानी आजाद हिंद फौज का उपयोग अंग्रेजों को पूर्वी एशिया से भगाने में करना चाहते थे। साथ ही कुछ घटनाओं से जापानियों को संदेह हो गया था। आजाद हिंद फौज में कुछ अधिकारी ब्रिटिश भक्त निकले। जनरल मोहनसिंह ने कर्नल एन.एस. गिल को कुछ विश्वासपात्र साथियों के साथ बर्मा भेजा, ताकि गोपनीय तरीके से भारत में प्रवेश कर भारतीय राष्ट्रीय आंदोलन के प्रमुख नेताओं से मिलें और अपना दृष्टिकोण रखें। गिल का एक सहयोगी धोखा देकर अंग्रेजों से जा मिला। दूसरे, जापानियों ने आजाद हिंद के बर्मा मोरचे पर तैनात सैनिकों को अंग्रेजों के विरुद्ध मोरचे पर लगा दिया। यह सेना भारत की आजादी के लिए अंग्रेजों से लड़ने के लिए बनाई गई थी। जापानियों द्वारा जप्त भारतीय संपत्ति नहीं लौटाई गई। आजाद हिंद फौज के प्रशिक्षित जासूसों का जापानियों ने अपने लिए उपयोग करना शुरू कर दिया। इससे मतभेद बढ़ते गए। कैप्टन मोहनसिंह ने आजाद हिंद फौज को भंग करने का प्रस्ताव रखा, जिसका रासबिहारी बोस ने विरोध किया और वे समस्याओं को सुलझाने के लिए सरकार से बात करने टोकियो चले गए। रासबिहारी बोस जब लौटे, जनरल मोहनसिंह ने मिलना चाहा, तो मोहनसिंह ने मिलने से इनकार कर दिया। मोहनसिंह के निर्देश पर आजाद हिंद फौज भंग कर दी गई। मोहनसिंह को जापानी अधिकारियों ने गिरफ्तार कर लिया। मोहनसिंह पहले जापानियों के, फिर अंग्रेजों के युद्धबंदी रहे। रासबिहारी बोस ने आजाद हिंद फौज को भंग करना मोहनसिंह की अनधिकार चेष्टा माना। उन्होंने इसके पुनर्गठन का प्रयास किया।

फरवरी 1943 में जापानी जनरल इवाकुरो ने बीदादरी में आजाद हिंद फौज के समक्ष भाषण देते हुए आजाद हिंद फौज के भंग होने को अनुचित बताते हुए संपूर्ण सहायता देने का आश्वासन दिया। कर्नल शाहनवाज खाँ को आजाद हिंद फौज का संचालन करने का दायित्व सौंपा। यह निश्चित हुआ कि जापान सरकार भारत के स्वतंत्रता संग्राम में सहयोग दे। साथ ही किसी भारतीय को स्वेच्छा से इस फौज से अलग होने का अधिकार है। प्रत्येक युद्धबंदी के लिए फौज में भरती होना आवश्यक नहीं है। सबसे महत्त्वपूर्ण है कि सुभाषबाबू को शीघ्र ही जर्मनी से बुलाया जाए। जनरल इवाकुरो ने शर्त स्वीकार की और फौज का पुनर्गठन हुआ। विगत घटना से सबक लेकर सेना के सर्वाधिकार एक व्यक्ति को न सौंपकर सैन्य संचालन विभाग के अध्यक्ष ले. कर्नल जे.के. भोंसले तथा दूसरे विभाग सेना मुख्यालय के अध्यक्ष कर्नल एम.जेड. कियानी बनाए गए।

द्वितीय विश्वयुद्ध यूरोप से हटकर दक्षिण-पूर्वी एशिया में केंद्रित होकर रह गया था। नेताजी भी अपने देश के पास दक्षिण-पूर्व एशिया को अपनी गतिविधियों का केंद्र बनाना चाहते थे। अतः 8 फरवरी, 1943 को अपने एक विश्वासपात्र सहयोगी आबिद हसन के साथ कील बंदरगाह से जर्मन पनडुब्बी में बैठे। यह यात्रा मृत्यु के साथ-साथ जीवन की यात्रा थी। ऊपर होती बम वर्षा को झेलते हुए अफ्रीका का चक्कर लगाते हुए मेडागास्कर से 400 मील दक्षिण में किसी स्थान पर पहुँचे। हवाई यात्रा तो साक्षात् मृत्यु का आमंत्रण थी। अतः सागर संतरण करना निश्चय हुआ।

यहाँ जापान की पनडुब्बी तैयार थी। 28 अप्रैल, 1943 को जापान की पनडुब्बी से तीन महीने की संकटों और कष्टों से भरपूर जीवन और मृत्यु के बीच हिचकोले लेती यात्रा के बाद वे 7 मई, 1943 को सुमात्रा के सबांग बंदरगाह पर उतरे। यहाँ से 11 मई, 1943 वायुयान के द्वारा पेनांग, सेगोन, मनीला, ताईपैह रुककर 17 मई को टोकियो पहुँचे। इस यात्रा में जापानी कर्नल यामामोटो उनके साथ थे। टोकियो में उनका भव्य स्वागत हुआ।

जापानी प्रधानमंत्री जनरल तोजो ने जापानी संसद् में उन्हें आमंत्रित किया। एक पत्रकार परिषद् में हर देश के प्रतिनिधि शामिल थे। सुभाषबाबू ने उनके सब प्रश्नों के उपयुक्त जबाव देकर उन्हें संतुष्ट किया। संक्षिप्त वक्तव्य भी दिया। नेताजी के आगमन पर जापान सहित समस्त दक्षिणपूर्व एशिया में हर्ष का वातावरण बना। उस युगपुरुष का आगमन अंग्रेजी साम्राज्यवाद को चुनौती था। यह भारतीय स्वाधीनता के इतिहास का स्वर्णिम पृष्ठ था। भारत के लोग भी अनुभव करने लगे थे कि शक्तिशाली राष्ट्रीय सेना के अभाव में और बिना वैदेशिक सहायता के अंग्रेजों से मुक्ति पाना संभव नहीं है, पर अंग्रेजी प्रचार व कांग्रेस की बेरुखी के कारण उनकी गतिविधि को भारत में शंकालु दृष्टि से भी देखा गया। 21 जून, 1943 को पहली बार नेताजी ने टोकियो रेडियो से अपना वक्तव्य प्रसारित किया। इसी समय म्याँमार (बर्मा) के राष्ट्रपति बामा ने तार भेजकर उन्हें बधाई दी और स्वतंत्रता के लिए युद्ध में साथ देने का वचन दिया। 29 जून, 1943 को उन्होंने टोकियो रेडियो से ही मलाया स्थित आजाद हिंद फौज के नाम संदेश प्रसारित किया—'भारत को स्वतंत्र करने का दायित्व केवल हमारा है।' जापान में चालीस दिन रहकर 2 जुलाई, 1943 को नेताजी सिंगापुर पहुँचे। इस यात्रा में उनके निजी सचिव आबिद हसन, श्री रासबिहारी बोस, जापान के कर्नल यामामोटो तथा जापान के संपर्क अधिकारी मि. सैंडा साथ थे। सबाबांग विमान-स्थल से उन्हें कार द्वारा सिंगापुर के मुख्य विमान-स्थल सेलेटार लाया गया, जहाँ नेताजी का भव्य स्वागत हुआ। कर्नल जगन्नाथराव भोंसले ने नेताजी को आजाद हिंद फौज का निरीक्षण करवाया। सभी फौजी अधिकारी उनकी आधुनिक युद्ध प्रणाली व अस्त्र-शस्त्रों के ज्ञान से हतप्रभ रह गए। उन्होंने आजाद हिंद संघ की गतिविधियों का भी गहराई से निरीक्षण किया। 4 जुलाई, 1943 को सिंगापुर के कैथे भवन में दक्षिण एशिया के अनेक प्रतिनिधियों, अधिकारियों और सैनिकों के बीच श्री रासबिहारी बोस ने आजाद हिंद संघ का नेतृत्व नेताजी के सुदृढ़, कुशल एवं योग्य हाथों में सौंपा।

इस समय नेताजी ने अंग्रेजों के दुष्प्रचार व कांग्रेस के बेरुखी के कारण जो लोग जापानियों की सहायता को अनुचित मान रहे थे, उन्हें उत्तर देते हुए कहा कि ब्रिटेन ने भी, जो संसार की महान् शक्तियों में से एक है, अपनी सहायता के लिए हाथ फैलाने में कभी संकोच नहीं किया। इतिहास साक्षी है कि आजादी की कोई लड़ाई बाहरी सहायता के अभाव में नहीं लड़ी गई। धुरी राष्ट्र जो हमारे शत्रुओं से लड़ रहे हैं, हमारे मित्र व सहायक हैं।

भारतवर्ष में कांग्रेस संधिवार्त्ताएँ करती रही थी, जो विफल हो रही थीं। उसके विषय में उन्होंने

कहा कि विलंबित संधि वार्ताएँ आजादी के अभियान को मार्ग से हटाने के लिए आयोजित की जाती हैं। अंग्रेजी साम्राज्यवाद से समझौते की आशाएँ छोड़ देनी चाहिए। आजादी की कीमत हमें अपने खून से चुकानी चाहिए। विदेशों से सहायता लेते समय उन्होंने अपने देश के सम्मान का सदा ध्यान रखा। जर्मनी तथा जापान से बराबरी के संबंध स्थापित किए। उन्होंने 25 जून, 1943 के जापान रेडियो से प्रसारित भाषण में कहा—अंग्रेजी मानसिकता में पले-बढ़े मेरे कुछ देशवासी जापान, जर्मनी व इटली पर अविश्वास करते हैं। मैं उन्हें बताना चाहता हूँ कि वे मुझ पर भरोसा रखें। जो शक्तिशाली ब्रिटिश सत्ता मुझे जेलों की नारकीय वेदना देने पर भी डिगा नहीं सकी, तो संसार की कोई ताकत मुझे डिगा नहीं सकती और यदि धूर्त, छली और विचक्षण अंग्रेज राजनीतिज्ञ मुझे फुसलाने और भ्रष्ट करने में असमर्थ रहे हैं, तो कोई ऐसा नहीं कर सकता। मैंने धुरी राष्ट्रों की नीति व भारत के प्रति वृत्तियों को समझा है। हम दोनों के शत्रु एवं रुचियाँ एक हैं। हम अंतिम विजय के प्रति आश्वस्त हैं। जापान हमारा सर्वोत्तम मित्र है। भारत के बाहर सभी भारतीय सुसंगठित हैं। देश की जेलों में बंदी साथियों के प्रति हम प्रतिदिन कृतज्ञ होते हैं। शीघ्र ही कारावास से आपको मुक्ति मिलेगी।

फौज के प्रत्येक दल का निरीक्षण कर आश्वस्त होने के बाद उन्होंने 5 जुलाई, 1943 को आजाद हिंद फौज की विधिवत् घोषणा की। सैनिकों में आशा का संचार करते हुए कहा, इतिहास साक्षी है कि अंततोगत्वा प्रत्येक साम्राज्य का पतन होता है। वर्तमान युद्ध के दौरान आप लोग ऐसे अनुभव व सफलताएँ अर्जित करें, जिससे स्वाधीन भारत के लिए राष्ट्रीय परंपराएँ स्थापित कर सकें। जब हम भारत में प्रवेश करेंगे, तो आम जनता के साथ ही ब्रिटिश भारतीय सेना में भी विद्रोह फूट पड़ेगा। 7 जुलाई, 1943 में प्रधानमंत्री जनरल तोजो आजाद हिंद फौज का निरीक्षण करने सिंगापुर पहुँचे। नेताजी के अदम्य साहस, देशभक्ति व कुशल नेतृत्व की सराहना की। अपने एक भाषण में सुभाषबाबू ने यह भी कहा कि बर्मा ने जब अंग्रेजों से सीमित स्वतंत्रता की माँग की तो उन्होंने ठुकरा दी। जापान की सहायता से उन्होंने स्वाधीनता प्राप्त की। अंग्रेज सदा से झूठे वादे करते हैं। वे कहते हैं कि भारत को विश्वयुद्ध के चलते स्वतंत्रता नहीं दी जा सकती, जबकि जापान ने उसे तुरंत स्वाधीन राष्ट्र घोषित कर दिया। रासबिहारी बोस के आजाद हिंद संघ में छह विभाग थे। सुभाषबाबू ने सात और नए विभागों की स्थापना की। ये थे—स्वास्थ्य व समाज कल्याण, नारी-कल्याण, राष्ट्रीय शिक्षा व संस्कृति, पुनर्निमाण, संभरण विभाग, वैदेशिक संबंध, गृहनिर्माण व परिवहन विभाग। पूर्व एशिया की सभी शाखाओं को पुनर्गठित किया। 12 जुलाई, 1943 को सिंगापुर में आजाद हिंद संघ के महिला विभाग की स्थापना की घोषणा की। इस समय मलाया, थाईलैंड, सिंगापुर व पेनांग से लगभग 25,000 महिलाओं ने मुक्ति संग्राम में भाग लेने की इच्छा व्यक्त की।

नेताजी ने अपने भाषणों में भारतीय महिलाओं की वीरता की गाथाएँ याद दिलाईं। नारी-सेना की योजना उन्होंने सोच-समझकर बनाई थी। कुछ लोग इसे महज प्रदर्शन समझ रहे थे। नेताजी

की दृष्टि में युद्ध में शारीरिक बल के साथ आत्मबल की भी आवश्यकता होती है। जब ये नारियाँ अपने कंधों पर बंदूक रखकर कदम मिलाकर चलेंगी, तो इनके भारत में स्थित भाई हाथ रख कर नहीं बैठ सकेंगे। वस्तुत: भारत के बाहर बैठकर भी भारत के लोगों को जाग्रत् करना उनका उद्देश्य था। उनका विश्वास था कि सेना में बहनों की भरती से पुरुषों की भरती बढ़ जाएगी। युद्ध कोष भी तेजी से भरने लगेगा। नेताजी ने अपने इसी भाषण में रानी झाँसी रेजीमेंट के लिए नाम माँगे। हजारों हाथ उठ गए। रानी झाँसी रेजीमेंट के लिए कुछ बहनों ने रक्त से हस्ताक्षर किए। नेताजी मनोविज्ञान के कुशल पारखी थे। वे जानते थे, यदि स्त्रियों की सेना युद्धक्षेत्र में जाएगी, तो घरों में आजादी की प्रतीक्षा में निष्क्रिय बैठे सैकड़ों हाथ बंदूकें उठा लेंगे। श्रीमती लक्ष्मी स्वामिनाथन, जो नारी-कल्याण विभाग का दायित्व सँभाले हुए थी, उनके नेतृत्व में रानी झाँसी रेजीमेंट गठन करने की योजना प्रस्तुत हुई। सिंगापुर के प्रसिद्ध वकील यलप्पा के प्रयास से 12 जुलाई, 1943 में एक महिला सैनिक दल तैयार हुआ, जिसने सिंगापुर के टाऊन-हॉल के सामने स्थित मैदान में हुई आम सभा में नेताजी को सलामी दी। इस सेना के द्वारा वे अपने समर्थन में एक विश्वव्यापी जनमत तैयार करना चाहते थे।

नारियों में आत्मविश्वास व दृढ़ता का संचार करना चाहते थे। साथ ही भारतवासियों को संगठित होते देख शत्रुओं का मनोबल तोड़ना चाहते थे। जापान के पर्याप्त विरोध के बावजूद 22 अक्तूबर, 1943 को उन्होंने रानी झाँसी रेजीमेंट का विधिवत् उद्घाटन किया। सर्वप्रथम 156 महिलाओं को प्रशिक्षण दिया गया। थाईलैंड और बर्मा में भी नारी प्रशिक्षण केंद्र स्थापित किए गए। केंद्रीय प्रशिक्षण शिविर शेनान में स्थापित किया गया। महिला प्रशिक्षणार्थियों की संख्या बढ़ जाने से कुआलालंपुर में भी एक प्रशिक्षण शिविर खोलना पड़ा। सिंगापुर के प्रशिक्षण शिविर में हांगकांग, जावा, सुमात्रा, इंडोनेशिया क्षेत्रों से महिलाएँ सैन्य प्रशिक्षण के लिए आती थीं। रानी झाँसी रेजीमेंट के कुल प्रशिक्षणार्थियों की संख्या ढाई हजार थी। इसमें सैनिक प्रशिक्षण के साथ-साथ जासूसी व परिचारिका का भी प्रशिक्षण दिया जाता था। छह महीने का पूर्ण प्रशिक्षण प्राप्त करने पर प्रथम परेड 30 मार्च, 1944 को हुई। उन दिनों स्त्री रेजीमेंट की स्थापना एक अद्भुत चमत्कार ही था। इस रेजीमेंट ने अनेक मोरचों पर वीरतापूर्वक कार्य किया। घायल सैनिकों की परिचर्या द्वारा नवजीवन प्रदान किया। बमबारी से सामान्य नागरिकों की रक्षा की। आग लग जाने पर उनके जान-माल की रक्षा की। सरलता से मोरचों पर उपलब्ध कराए जानेवाले अधिक समय तक टिकनेवाले पौष्टिक भोजन का निर्माण किया। भारत की आजादी की रूपरेखा सुभाषबाबू सदा से बनाते रहे थे। विश्व इतिहास का सूक्ष्मता से अध्ययन इसी दृष्टि से किया करते थे। जर्मनी में रहकर आजादी के संघर्ष का जो कार्यक्रम उन्होंने निश्चित किया था, उसमें आजाद हिंद सरकार की स्थापना का विषय भी सम्मिलित था। वे आजाद हिंद सरकार की स्थापना द्वारा आजाद हिंद संघ व आजाद हिंद फौज की स्थिति मजबूत करना चाहते थे। आजाद हिंद सरकार की स्थापना से जापान की सरकार उसे

बराबरी का दर्जा देने को विवश होगी। अतः उनके व जापानी सरकार के बीच के समझौते अधिक स्थायी तथा दृढ होंगे। इससे नागरिकों व सैनिकों में आत्मविश्वास व मनोबल बढ़ेगा।

जापान के प्रधानमंत्री इस सरकार की स्थापना के पक्ष में नहीं थे, क्योंकि उन्हें इसे पूर्ण सरकार के रूप में मान्यता देनी होती, मित्र राष्ट्रों जर्मनी, इटली, क्रोशिया, बर्मा, थाईलैंड, चीन, मंचूरिया से मान्यता दिलानी होती, साथ ही अन्य स्वाधीन राष्ट्रों के समान दर्जा देना होता। सबसे महत्त्वपूर्ण बात थी कि आजाद हिंद फौज पर आजाद हिंद सरकार का कानून लागू होता, न कि जापान सरकार का। जापान-सम्राट् को नेताजी को समानता का दर्जा देना होता। इसका असर उनके सैनिक व प्रशासन के अधिकारियों पर भी पड़ता। नेताजी ने जापानी सरकार को इसके समर्थन के लिए विवश किया। 11 अक्तूबर, 1943 को श्री अरयर के सहयोग से आजाद हिंद सरकार का घोषणा-पत्र तैयार किया। 21 अक्तूबर, 1943 को सिंगापुर के कैथे सिनेमा हॉल में आजाद हिंद सरकार की घोषणा की। पूर्वी एशिया के हजारों लोग इसमें सम्मिलित थे। क्रांतिकारी रासबिहारी बोस ने स्वागत भाषण दिया। उन्होंने कहा कि पिछले बीस वर्षों से अपनी माँ की गोद से दूर हूँ। मेरी माँ के हाथ में हथकड़ियाँ जकड़ी हुई हैं, वह हाथ बढ़ाकर भी मुझे अपनी गोद में नहीं ले सकती। आज मेरा छोटा भाई सुभाष मसीहा बनकर आजादी के फाहे से मानवता के घावों को भरने आया है। हम तीस लाख नंगे-भूखे प्रवासी आज की आजादी के मसीहा का स्वागत करते हैं। सचिव, कर्नल चटर्जी ने प्रतिवेदन प्रस्तुत किया। नेताजी ने आजाद हिंद सरकार की विधिवत् घोषणा की और कहा कि यह अस्थायी सरकार शांतिकालीन सामान्य सरकार की भाँति नहीं होगी। यह एक युद्धात्मक संगठन है, जिसका उद्देश्य अंग्रेजों के विरुद्ध अंतिम युद्ध छेड़ना है। इसमें मुख्यतः वे ही विभाग होंगे, जो स्वाधीनता की लड़ाई छेड़ने में आवश्यक हैं। घोषणा-पत्र के अंत में कहा गया कि यह सरकार समानता का अधिकार देकर अंग्रेजों की धूर्तता से उत्पन्न भेदभावों को समाप्त करने का संकल्प करती है। यह सरकार समस्त भारतवासियों को इस झंडे के नीचे अंतिम युद्ध करने व स्वतंत्र राष्ट्र की स्थापना करने का आह्वान करती है।

इस घोषणा-पत्र पर अठारह मंत्रियों ने हस्ताक्षर किए तथा अंतिम साँस तक लड़ने की शपथ ली। युद्ध की घोषणा के पूर्व उन्होंने पूर्व-एशिया के लगभग सभी देशों में स्थित आजाद हिंद संघ की सभी शाखाओं का निरीक्षण किया। इस समय अंग्रेजी सेनाएँ जापान से परास्त हो चुकी थीं। बर्मा और फिलीपीन में जापानियों का सैनिक शासन था। जापान सरकार ने इस साल के अंत तक सैनिक शासन समाप्त कर इन दोनों को स्वतंत्र कर देने की घोषणा की थी, जिसके तहत अगस्त 1943 को बर्मा स्वतंत्र हो गया। बर्मा के राष्ट्रपति बामा के आमंत्रण पर वे स्वाधीनता समारोह में रंगून पहुँचे। सिंगापुर के फेरर पार्क में आयोजित आम सभा में बर्मा की स्वाधीनता को भारत के मुक्ति संग्राम में एक प्रेरणा के रूप में स्वीकार किया।

25 अगस्त, 1943 को नेताजी ने 'फौज के कमांडर-इन-चीफ' का पद सँभाला। सैनिकों को

एक आज्ञा-पत्र लिखा, जिसमें कहा गया था कि 'मैं स्वयं को अपने 38 करोड़ देशवासियों का सेवक मानता हूँ। मैं इस प्रकार अपने कर्तव्य का पालन करूँगा कि अड़तीस करोड़ देशवासियों का हित सुरक्षित रहे।' नेताजी ने अपने युद्ध कार्यक्रम को सक्रिय बनाने के लिए तूफानी दौरे किए। धन-संग्रह किया। सभी प्रवासी भारतीयों ने सहर्ष दान दिया। कुछ लोगों ने अपनी सारी संपत्ति दान कर दी। इसके लिए आजाद हिंद बैंक की भी स्थापना की गई। 5 अप्रैल, 1944 को रंगून में आजाद हिंद सरकार के राष्ट्रीय बैंक की स्थापना कर वहीं उसकी प्रथम शाखा खोली। इस सरकार ने अपने स्वतंत्र नोट व डाक टिकट छपवाने का भी महत्त्वपूर्ण कार्य किया। अब नेताजी बर्मा को अपनी गतिविधिओं का केंद्र बनाना चाहते थे, क्योंकि बर्मा से भारत की सीमाएँ मिलती थीं। इंफाल से बंगाल पहुँचना चाहते थे, जापानी सेना के कमांडर-इन-चीफ इससे सहमत नहीं थे। आखिर नेताजी के आग्रह पर आजाद हिंद-फौज की पहली ब्रिगेड का भेजा जाना मंजूर हुआ। शाहनवाज खाँ के नेतृत्व में सुभाष ब्रिगेड तैयार हुई।

सैनिक तैयारियाँ पूरी हो चुकी थीं। अत: 23 अक्तूबर, 1943 को युद्ध की घोषणा के लिए मंत्रिमंडल की बैठक बुलाई गई। 24 अक्तूबर को युद्ध की घोषणा की गई। 7 नवंबर, 1943 को टोकियो में बृहत्तर एशिया सम्मेलन होना था, नेताजी 28 अक्तूबर को ही टोकियो रवाना हो गए। कुछ समस्याएँ थीं, जिनका उन्हें प्रधानमंत्री तोजो से मिलकर समाधान करना था। इस मुलाकात में आजाद हिंद सरकार को अंडमान-निकोबार द्वीपसमूह का प्रशासनिक अधिकार प्राप्त हुआ। इन द्वीपों का नाम 'शहीद व स्वराज द्वीप' रखा गया। लेफ्टिनेंट कर्नल ए.डी. लोकनाथन इसके प्रथम भारतीय प्रशासक हुए। इससे इंफाल आक्रमण के समय सुविधा हुई। इस सम्मेलन में मंचूरिया, चीन, फिलीपीन, थाईलैंड, बर्मा के राष्ट्रप्रमुख सम्मिलित हुए। नेताजी के भाषण के फलस्वरूप बर्मा के राष्ट्रपति डॉ. बामा ने घोषणा की कि भारत की स्वतंत्रता के बिना एशिया की मुक्ति कोई अर्थ नहीं रखती। इस सम्मेलन के पश्चात् नेताजी के विश्व में बढ़ते हुए प्रभाव को देखकर जापान के सम्राट् हिरोहितो ने उन्हें आमंत्रित किया। वे 10 नवंबर को अपने निजी सचिव के साथ सम्राट् के महल में पहुँचे, जहाँ सम्राट् ने उन्हें पूर्ण सम्मान व सहयोग का आश्वासन दिया। नेताजी को जापान के गुप्त शस्त्रागारों व शस्त्र-निर्माण-गृहों के निरीक्षण के लिए भेजा गया। नेताजी ने जलसेना व वायुसेना के प्रशिक्षण के लिए टोकियों में एक सैन्य प्रशिक्षण महाविद्यालय की स्थापना की थी। इस यात्रा के दौरान उन्होंने प्रशिक्षण प्राप्त कर रहे होनहार नवयुवकों से भेंट की। 17 नवंबर को टोकियो से निकलकर नेताजी नानकिंग, शंघाई व मनीला होते हुए सिंगापुर लौटे।

रणनीति के तहत बर्मा की सीमा से भारत में प्रवेश करना था, अत: आजाद हिंद फौज का मुख्य कार्यालय रंगून में स्थानांतरित हुआ। फौज में नई भरती का आह्वान हुआ। नए प्रशिक्षण केंद्र खोले गए। 12 से 17 वर्ष की आयु के बच्चों की बालसेना बनाई गई, जो मुख्य सेना के कामों में सहायक रही। नौ नवंबर को आजाद हिंद फौज की पहली ब्रिगेड मलाया, थाईलैंड को पार कर

बर्मा के लिए रवाना हुई। 4 फरवरी, 1944 को इस ब्रिगेड ने युद्ध के लिए प्रयाण किया। आजाद हिंद फौज की सुभाष बिग्रेड की तीन बटालियनों में से प्रथम बटालियन को मेजर पी.एस. रतूरी के नेतृत्व में प्रोम होते हुए कलहूदान घाटी में अंग्रेजों की पश्चिम अफ्रीका टीम को आगे बढ़ने से रोकना था। मेजर रामसिंह के नेतृत्व में दूसरी और मेजर पद्म सिंह के नेतृत्व में तीसरी बटालियन को मांडले और कालेवा होते हुए चिन पहाड़ियों के क्षेत्र में हाका और फालम स्थानों पर पहुँचना था। दोनों का संयुक्त नेतृत्व का भार मेजर जनरल शाहनवाज खाँ पर था। नेताजी ने भावभीनी विदाई दी। 3 फरवरी, 1944 को अपना जादुई विदाई भाषण दिया। 4 फरवरी को स्टेशन पर विदा करते समय इस लौहपुरुष का ममतामय हृदय फूट-फूटकर रोया।

प्रथम बटालियन को प्रोम पहुँचने में 250 मील पैदल चलना पड़ा। कई स्थानों पर शत्रु द्वारा बमवर्षा से रेलवे लाईन उखड़ गई थी। सुभाष ब्रिगेड का एक सैनिक जीतसिंह मारा गया। अन्य दो घायल हो गए। टौंगप स्थान के निकट शत्रु के वायुयानों की बमबारी में आजाद हिंद फौज के सोलह वीर शहीद हो गए। सामान ले जा रही नौकाएँ डुबो दी गईं। आजाद हिंद फौज के सैनिकों को सामान सिर पर ढोना पड़ता था। सोने के लिए सूती चादर, पहनने के लिए केवल एक गरम कमीज होती थी। मलेरियाग्रस्त क्षेत्र होने पर मच्छरदानियों का अभाव था। दवाइयाँ भी नहीं थीं, पर मोरचे पर पहुँचने की व्यग्रता ने उनके पाँवों में पंख लगा दिए थे। उत्साही आजाद हिंद फौज की यह बटालियन क्यांकराव में शिविर स्थापित कर कलादान नदी की घाटी के निकट पहुँची। वहाँ ब्रिटिश फौज के अफ्रीकन हब्शियों का एक पूरा डिवीजन दोनों ओर से सड़क बनाता हुआ आगे बढ़ रहा था। इस स्थान का नाम टेटमा था। मेजर रतूरी के पहुँचने के पूर्व ब्रिटिश अफ्रीकन सेना ने कलादान घाटी पहुँचकर निकटवर्ती पहाड़ियों में मोरचाबंदी कर ली थी। इसलिए मार्ग अवरुद्ध करने का आदेश तो पालन नहीं किया जा सकता था, पर वे अपनी छोटी सी टुकड़ी के साथ छिपते-छिपाते टेटमा पहुँचे और शत्रु को चारों तरफ से घेरकर अचानक भयंकर आक्रमण कर दिया। टेटमा पर आजाद हिंद फौज का अधिकार हो गया। गुप्तचरों से सूचना मिली कि शत्रुसेना ने खाइयाँ खोदकर पहाड़ियों में अपनी स्थिति सुदृढ कर ली है। अचानक हमला बोलने के लिए सैनिकों ने जमीन पर लेटकर रेंगते हुए शत्रु-शिविर के पास खाइयों तक पहुँचकर आक्रमण किया। आधुनिक शस्त्रास्त्रों से संपन्न अधिसंख्य ब्रिटिश सैनिक इस अचानक हमले से त्रस्त होकर कलादान नदी की घाटी की ओर भागने लगे। अपनी नावों तक पहुँचे। तोप के अभाव में मशीनगनों से हमला कर आजाद हिंद फौज ने सोलह नावों को जलसमाधि दे दी। इस लड़ाई में आजाद हिंद फौज के 14 व ब्रिटिश अफ्रीकन सेना के 250 जवान खेत रहे। शस्त्रागार व उत्तम खाद्य सामग्री आजाद हिंद फौज के हाथ लगी। जापानी सेना भी वहाँ आ पहुँची। संयुक्त आक्रमण से पलेटवा व डलेटमा स्थान पर भी कब्जा कर लिया। आजाद हिंद फौज की टुकड़ियाँ अलग-अलग रास्तों से आगे बढ़ रही थीं। प्रारंभिक लड़ाइयों में उन्होंने 18 मार्च को भारत की सीमा में प्रवेश कर नेताजी के चित्र

पर जंगली फूल चढ़ा दिए। उसी टीले पर तिरंगा लहराया। जापानी फौजी मुख्यालय ने नेताजी को इसकी सूचना दी। नेताजी ने 21 मार्च, 1944 को बर्मा स्थित अपने फौजी मुख्यालय में पत्रकार-परिषद् का आयोजन किया और संसार को सूचना दी कि आजादी की लड़ाई भारतभूमि पर ही लड़ी जा रही है।

भारतीय सीमा की पहली चौकी मोडक में थी। आजाद हिंद फौज ने बिजली की गति से अंग्रेज सेना पर आक्रमण कर दिया। मोडक के आस-पास कई चौकियों स्थापित कर उनकी रक्षा की। कैप्टन सूरजमल को उनकी सुरक्षा का भार सौंपा। आजाद हिंद फौज की ओर से जापानी सेना का नेतृत्व भी सूरजमल ने किया। मई से सितंबर 1944 तक उन्होंने वीरतापूर्वक रक्षा की। कई बार अंग्रेजों ने उसपर आक्रमण किए।

अब्बा चौकी का भार ले. अमरसिंह पर था। वहाँ केवल 20 सैनिक थे। यह जानकर अंग्रेजों ने 150 सैनिकों के सशस्त्र दल को भेजा। युद्ध सामग्री अत्यल्प होने से आजाद हिंद के सैनिकों ने अंग्रेजी सेना को समीप आने दिया। निकट पहुँचते ही बाज की तरह झपट पड़े। अंग्रेजी सेना भाग खड़ी हुई। दोपहर में अंग्रेजों का पुन: हमला हुआ। इस बार उन्होंने तोप दागकर धुएँ की दीवार खड़ी कर दी और चौकी के समीप पहुँच गए, पर आजाद हिंद सैनिकों ने उन्हें मात दी। हारकर शाम को फिर हमला किया। 20 सैनिकों के लिए छह बमवर्षकों से एक घंटे तक बमवर्षा कर सारे क्षेत्र को तहस-नहस कर दिया। सबको मरा जानकर कब्जे के लिए वहाँ पहुँचे, तभी खाइयों से निकलकर सैनिकों ने गोलियाँ दागना शुरू कर दिया। अपने सैनिकों की लाशें छोड़कर अंग्रेज भाग गए।

कैप्टन सूरजमल तोपों की आवाज सुनकर अपने पचास सैनिकों के साथ अब्बा चौकी पर पहुँचे। शत्रु को भागा हुआ जानकर उनकी मुख्य चौकी पर आक्रमण बोल दिया। इसके बाद शत्रुसेना ने फिर आक्रमण करने की हिम्मत नहीं दिखाई।

दूसरी बटालियन मेजर रामसिंह के नेतृत्व में नाचांग शिविर में पहुँची। वहाँ से उन्होंने लेफ्टिनेंट सिकंदर खान के नेतृत्व में 100 सैनिकों का एक दल कालम की रक्षा के लिए भेजा। हाका-फालम समुद्रतल ने क्रमश: सात-हजार और छह हजार फीट ऊँचाई पर है। यहाँ शस्त्र, खाद्य-सामग्री एवं अन्य सामान सिर पर लादकर ले जाना पड़ा। यहाँ सिकंदर खान ने अंग्रेजी लूशाई ब्रिगेड के सभी सैनिकों को बंदी बना लिया। मेजर मैनिंग के नेतृत्व में शत्रु का गुरिल्ला दस्ता भी सक्रिय था। मेजर मैनिंग ने चिन पहाड़ी के चिन लोगों का दस्ता तैयार किया था। जापानी इस गुरिल्ला दल से भयभीत थे। सिकंदर खान ने मेजर मैनिंग को भी घेर लिया, पर उनकी ब्रेनगन जाम हो गई, जिससे मैनिंग को भाग निकलने में सफलता मिल गई। उन्हें दूर तक खदेड़ कर वे हाका शिविर में पहुँचे। फालम शिविर में आजाद हिंद फौज की स्थिति सुदृढ हो जाने पर ले. अमरीकसिंह को हाका क्षेत्र की रक्षा का भार सँभालने के लिए भेजा गया।

लेफ्टिनेंट लहनासिंह ने शत्रुपक्ष के गुरिल्ला दल को रात के समय घेर लिया। उनकी संख्या

सात हजार से अधिक थी। जापानी सेना ने जानबूझकर यह क्षेत्र भारतीय सेना को सौंप दिया था। मेजर महमूद, अहमद, रामसिंह व अमरीकसिंह के कुशल नेतृत्व में शत्रुपक्ष की दाल नहीं गल सकी। शत्रुसेना ने 17 अप्रैल को क्लंग-क्लंग रोड पर स्थित आजाद हिंद की चौकी पर आक्रमण कर दिया। चौकी की रक्षा लहनासिंह कर रहे थे। चौकी चारों तरफ से घेर ली गई थी। लहनासिंह 10 सैनिकों के साथ निकले और शत्रु सैनिक सौ थे, फिर भी वे आक्रमण सहन नहीं कर सके। लहनासिंह ने दस मील तक उनका पीछा किया।

मेजर जनरल शाहनवाज खाँ ने क्लंग-क्लंग चौकी पर आक्रमण करने की योजना बनाई, जो ऊँची पहाड़ी पर थी। यहाँ पहुँचने के लिए एक ही पगडंडी थी। चौकी की स्थिति सामरिक महत्त्व की थी। जापानियों ने इसे हस्तगत करने का कभी प्रयास नहीं किया। इसके लिए तोपों व बमवर्षक वायुयानों की आवश्यकता थी। इस दुस्साहसपूर्ण योजना को अंजाम देते समय ही शाहनवाज खाँ को जापानी कमांड द्वारा नाचांग पहुँचने के आदेश मिले। शाहनवाज ने क्लंग-क्लंग चौकी पर आक्रमण करने का भार मेजर महबूब अहमद की सौंपा। सारे दिन चलने के बाद क्लंग-क्लंग से पहले पड़नेवाली चौकी पर शाम को कब्जा किया। कुछ सैनिकों को वहाँ छोड़कर शेष दल ने क्लंग-क्लंग की ओर बढ़ना जारी रखा। प्रातः चार बजे वहाँ पहुँचे। वहाँ चौकी तक पहुँचने का एक ही तंग रास्ता था। दोनों ओर बंदूकधारी सैनिक तैनात थे। मेजर महबूब तथा कैप्टन अमरीकसिंह अपने चुनिंदा साथियों के साथ उस खड़ी चढ़ाई पर चढ़े, जहाँ पैर जमाना भी मुश्किल था। पेट के बल सरक-सरककर जब वे खाई के निकट पहुँचे तो शत्रुओं ने उन्हें देखते ही अंधाधुंध गोलीबारी शुरू कर दी। अमरीकसिंह और साथियों ने फिर लेटकर आगे बढ़ना शुरू किया। अमरीकसिंह ने अपने दोनों हाथों के गोले फेंक दिए। शत्रु-शिविर में पहुँचकर घमासान युद्ध हुआ। शत्रु-सैनिक भागकर नीचे की चौकी में पहुँचे। जहाँ पहले से उपस्थित आजाद हिंद के सैनिकों ने उनका पूरी तरह सफाया कर दिया। क्लंग-क्लंग चौकी पर भारत का तिरंगा शान से लहरा रहा था। जापानी फौज के आदेशानुसार क्लंग-क्लंग चौकी पर कुछ सैनिकों को सुरक्षा के लिए छोड़कर शेष ब्रिगेड को अराकान क्षेत्र के इंफाल मोरचे पर भेजा गया। इंफाल जाने के लिए सभी उत्सुक थे, क्योंकि यह भारत की आजादी का सीधा युद्ध था, किंतु इस ब्रिगेड को इंफाल न ले जाकर तामू ले जाया गया। वहाँ से यह ब्रिगेड कोहिमा के आस-पास पहुँच गई, जहाँ तिरंगा फहराया गया। यहाँ से इंफाल न जाकर लौटने का निर्देश दिया, जिससे सेना में अविश्वास और असंतोष उत्पन्न हुआ। कोहिमा से तामू यात्रा कष्टपूर्ण थी। सैनिक मलेरिया या पेचिश से पीड़ित हो गए थे, वर्षा का प्रकोप था, फिर भी पैदल ही चलना था। घायलों के घावों में कीड़े पड़ गए। रास्ते लाशों से अँट गए। अनेक जवानों ने जयहिंद और नेताजी की जय के नारों के साथ मृत्यु का आलिंगन किया। यह उनके लिए लड़ते हुए मारे जाने से बदतर स्थिति थी।

अंग्रेजों को मालूम हुआ कि सुभाष ब्रिगेड के अधिकांश सैनिक जा चुके हैं, तो उन्होंने इन

चौकियों पर कब्जे के लिए फिर उत्पात मचाना शुरू किया। लेफ्टिनेंट रणजोधासिंह ने वीरतापूर्वक और अपूर्व सामरिक कौशल से न केवल क्लंग-क्लंग चौकी से अपितु दूसरी चौकियों से भी शत्रुओं को मार भगाया। शत्रुओं की लाशें बिछाकर अपने साथियों का बदला लिया। अगस्त 1944 को हाका क्षेत्र खाली कर कालेवा पहुँचने का निर्देश मिला। यहाँ उन्हें कोहिमा से लौटते साथियों का दल मिला। अब तक जापानी सेना के साथ आजाद हिंद फौज के संबंध काफी बिगड़ चुके थे। जापानी सेना आजाद हिंद फौज को अपने से अधिक शक्तिशाली नहीं देख सकती थी।

द्वितीय विश्वयुद्ध के भयंकर युद्धों में आराकान मोरचे पर लड़ा गया कोहिमा और इंफाल के युद्ध का ऐतिहासिक महत्त्व है। कोहिमा और इंफाल के मोरचे पर जापानी फौज आजाद हिंद फौज को नहीं लगाना चाहती थी, पर नेताजी के दबाव से सहयोगी के रूप में साथ रखने को राजी हो गए। वे पहले उन्हें पूछताछ या जासूसी के लिए रखती थी। बाद में उपर्युक्त युद्धों में अप्रतिम वीरता का परिचय दिया, तो साथ रखने पर सहमत हो गई। कोहिमा से जापानी सेना दीमापुर न जाकर इंफाल की ओर बढ़ी। 14 मार्च, 1944 को इंफाल कोहिमा सड़क काट डाली गई, जिससे अंग्रेजी सेना का स्थल मार्ग अवरुद्ध हो गया। जापान के पास इस मोरचे पर वायुसेना नहीं थी। इसलिए वह अंग्रेजी वायुसेना का प्रतिरोध नहीं कर सकी। कहा जाता है कि नेताजी सड़क काटने के पक्ष में नहीं थे।

गांधी ब्रिगेड का नेतृत्व मोहम्मद जमान कियानी के चचेरे भाई कर्नल इनायत जान कियानी कर रहे थे। इसी डिवीजन की दूसरी ब्रिगेड 'आजाद ब्रिगेड' के कमांडर कर्नल गुजारासिंह थे। इन दोनों ब्रिगेड की सेनाएँ जब इंफाल पहुँच रही थीं, जापानी फौज द्वारा बताया गया था कि इंफाल को फतह करने में ज्यादा समय नहीं लगेगा। उन्हें केवल अपनी-अपनी राइफलें और पचास-पचास कारतूस साथ लेने का भी आदेश हुआ। गांधी ब्रिगेड जब तामू पहुँची, तो उन्हें पता चला कि इंफाल पर फतह नहीं हुई है, भयंकर युद्ध चल रहा है। आजाद हिंद फौज को तामू-पलेल रोड का स्वतंत्र क्षेत्र दिया गया। यह तय हुआ कि पलेल हवाई अड्डे पर एक ओर से जापानी फौज और दूसरी ओर से आजाद हिंद फौज आक्रमण करे। आजाद हिंद फौज के पास न शस्त्र थे और न खाद्य पदार्थ। स्थिति की नजाकत को देखते हुए निश्चय किया गया कि रात होने पर आजाद फौज ब्रिटिश दस्ते से भिड़े। ब्रिटिश दस्ते के अग्रिम भाग में गोरखा सैनिक तैनात थे। दोनों में भयंकर युद्ध हुआ। अंग्रेजी सेना कँटीली झाड़ी के अंदर थी। लेफ्टिनेंट लालसिंह के पास नागा लोगों का दिया हुआ भाला था, जिससे उसने दो अंग्रेजों का एक बार में काम तमाम कर दिया, तभी एक गोली उनको आकर लगी। परिणामस्वरूप आजाद हिंद सैनिक हताहत हुए।

आजाद हिंद फौज का दूसरा दल हवाई अड्डे तक पहुँचा, पर यहाँ भी जापानी सेना का नामोनिशान नहीं था। शत्रु के वायुयानों ने बमवर्षा कर दी। आजाद हिंद सैनिक भूखे-प्यासे जंगलों में भटकते फिरे। उन्हें अपनी यह भूल बिना रसद और शस्त्रों के आना महँगी पड़ी।

शत्रुसेना को पता चल गया था कि आजाद हिंद फौज के पास पर्याप्त युद्ध सामग्री तथा सैनिक नहीं हैं, अत: शत्रुसेना बहुत सक्रिय हो गई थी। एक स्कॉटिश सेना ने पलेल हवाई अड्डे के पास की चौकी पर भारी तोपखाने के साथ भयंकर आक्रमण किया। आजाद हिंद फौज की गांधी ब्रिगेड का नेतृत्व ले. अजायबसिंह कर रहे थे। वे नियमित सैनिक न होकर सिंगापुर से प्रशिक्षित थे। उनके साथी भी तमिलभाषी नव प्रशिक्षित थे। इन लोगों ने स्कॉटिश सेना को मार भगाया। आगे जाने पर उनके शिविर में जाकर उन्हीं के शस्त्रों से 50 स्कॉटिश सैनिकों को मार गिराया। आजाद हिंद फौज के 10 सैनिक हताहत हुए। स्कॉटिश सेना ने सुसज्जित तोपखाने व तीन हजार सैनिकों के साथ आजाद हिंद की फौज को चारों तरफ से घेर लिया। कर्नल कियानी ने अनुभव किया कि किसी ऊँची पहाड़ी पर कब्जा नहीं होगा, तो पूरी कंपनी का ही सर्वनाश होगा। उनके आदेश से कैप्टन मनसुखलाल 30 सैनिकों को लेकर पहाड़ी पर चढ़े। शत्रुसेना ऊपर थी, उन्होंने गोली बरसाना शुरू कर दिया। गोली का जबाव गोली से देते हुए सैनिक पहाड़ी पर चढ़ रहे थे। अनेक वीरगति को प्राप्त हुए, स्वयं मनसुखलाल के शरीर पर तेरह गोलियाँ व सत्रह घाव हुए थे, वे बेहोश होकर गिरने लगे, पर सैनिकों को आदेश दिया कि पहाड़ी पर कब्जा करो और पूरी ब्रिगेड को बचा लो। खून से लथपथ मनसुखलाल भी साथ चले। पहाड़ी पर पहुँचकर आक्रामक युद्ध किया। शत्रु सैनिक भाग खड़े हुए। ब्रिगेड को सुरक्षा का स्थान प्राप्त हुआ। गांधी ब्रिगेड के कुछ सैनिक रक्षा के लिए वहाँ रह गए। आठ सैनिक घायल मनसुखलाल को कंधे पर लादकर चिकित्सा शिविर की राह खोजने लगे। रास्ते में अंग्रेजी सेना से मुठभेड़ हो गई। मनसुखलाल को झाड़ी में छिपाकर उन्होंने युद्ध किया। चार साथी खेत रहे। पंद्रह दिन जंगली पत्तों पर निर्वाह करते हुए बिताए। तभी बर्मी वेश में एक किशोर से मुलाकात हुई, जिसने अपने को बालसेना का सदस्य बताया। गाँव ले जाकर भोजन व दवाओं का प्रबंध किया। कुछ ठीक होकर वे मेमियो के सैनिक अस्पताल में भरती हुए। बालसेना भी बलिदान के लिए तत्पर रहती थी। मनसुखलाल को नेताजी ने 'शेरेहिंद' व 'सरदारे जंग' उपाधियों से विभूषित किया। कर्नल कियानी ने कंपनी की रक्षा के लिए लेफ्टिनेंट अजायबसिंह को एक टुकड़ी के साथ भेजा। अजायबसिंह ने शत्रुसेना को घेर लिया। सारे दिन आग बरसती रही। खून बहता रहा। 250 गोरे सैनिक मारे गए। संध्या होते ही शेष सेना को भागने का अवसर मिल गया। ब्रिटिश सेना के पास युद्ध के उत्तम साधन थे। आजाद हिंद फौज के पास मनोबल था। गांधी ब्रिगेड के अधिकार में लगभग 200 वर्गमील का भारतीय क्षेत्र था, जिस पर कर्नल कियानी प्रशासन कर रहे थे। उनके सामने खाद्य समस्या विकट थी। स्थानीय नागा जाति ने आजाद हिंद फौज को बहुत सहयोग दिया। दूर-दूर जाकर खाद्य सामग्री बटोरकर लाते थे। कुछ दिनों में पूरे क्षेत्र में खाद्य सामग्री का मिलना भी कठिन हो गया।

इस बीच आजाद हिंद फौज का एक अधिकारी मेजर ग्रेवाल अंग्रेजों से जा मिला। भारतीय स्वतंत्रता संग्राम का इतिहास साक्षी है कि मुखबिरों व विश्वासघातियों के कारण सदा ही तकलीफें

बढ़ी हैं। आती हुई सफलता विफलता में बदल जाती है।

इंफाल के मोरचे से जापानी सेना लौट रही थी। गांधी ब्रिगेड को भी कालेवा शिविर में लौटने का आदेश हुआ। इस ब्रिगेड को भी सुभाष ब्रिगेड की भाँति भारी वर्षा, दलदल, भुखमरी और बीमारी की मार झेलनी पड़ी। सैनिक बड़ी संख्या में इन कारणों से अधिक क्षति हुई। मानसून का प्रारंभ होते ही प्रकृति प्रकोप के साथ युद्ध सामग्री व वस्तुओं की पूर्ति में बाधा आने से आजाद हिंद का विजयक्रम रुक गया था।

आजाद हिंद फौज ने अपनी आक्रामक शुरुआत से अंग्रेज सैनिकों को नाकों चने चबवा दिए थे। रानी झाँसी रेजीमेंट भी आग्रह करके इंफाल के युद्ध में सहयोग के लिए पहुँची थी। जापानी सेना और आजाद हिंद दोनों ने अपनी पूरी शक्ति लगा दी थी। इंफाल पर चारों ओर से घेरा डाला गया था। नागालैंड में कोहिमा का किला भी फतह किया गया। आजाद हिंद फौज तो लड़ते-लड़ते इंफाल से केवल दो मील के फासले पर रह गई थी। दुर्भाग्य से आजाद हिंद फौज को पीछे हटना पड़ा था। जबकि एक समय अंग्रेज फौज के कमांडरों को इंफाल-कोहिमा खाली कर देने व चार दिन बाद आत्मसमर्पण करने का आदेश मिल गया था; लेकिन उन्हें भागने का रास्ता नहीं मिला। जापानी भूल ही उनके लिए वरदान बन गई। दूसरी ओर मई मास में भयंकर वर्षा प्रारंभ हो गई। पूरे मैदान में पानी-ही-पानी या दलदल-ही-दलदल हो जाने से हजारों सैनिक बह गए या दलदल में फँस गए। उससे अधिक भूख और बीमारी का शिकार हो गए।

युद्ध के समय नेताजी निरंतर मोरचों पर जाते रहते थे। उन्होंने पूरे दो मास युद्ध के मोरचों पर बिताए थे। कभी वे एक दल को विदा करते, तो दूसरे को भेजने के लिए तैयार करते थे। मनोबल बढ़ाते, वीरों की प्रशंसा करते, सैनिक अस्पताल में सैनिकों की खबर-सुध लेते। युद्ध के नए मोरचे खोलते, धन एकत्र करते रहते थे। उनका सक्रिय मन युद्ध, प्रशासन और संगठन के मोरचों पर समान गति से कार्य करता था। अराकान मोरचे की विफलता को उन्होंने अपनी हार नहीं माना। वे अपने रंगून मुख्यालय पर लौट आए। यहाँ बर्मा के प्रवासी भारतीयों ने 'नेताजी सप्ताह' मनाया। यह उनके सिंगापुर आगमन के एक वर्ष हो जाने के उपलक्ष्य में था। प्रथम दिन के भाषण में उन्होंने आजाद हिंद फौज की उपलब्धियों का लेखा-जोखा प्रस्तुत किया। संक्षेप में वह इस प्रकार है—(1) समग्र साधनों के उपयोग की दिशा में हम धन, जन और उपकरणों को जुटाने में सफल हुए हैं, (2) सेना को आधुनिक युद्ध के लिए तैयार किया है, (3) रानी झाँसी रेजिमेंट का गठन किया, (4) अस्थायी आजाद हिंद सरकार की स्थापना कर नौ राष्ट्रों से मान्यता प्राप्त कर ली है, (5) जापान सरकार की उदारता के फलस्वरूप अंडमान-निकोबार द्वीप समूह के रूप में हमने पहला स्वाधीन भारत का भूभाग प्राप्त कर लिया है। कर्नल ए.डी. लोकनाथन को वहाँ का प्रथम चीफ कमिश्नर नियुक्त किया है। (यह आजाद हिंद सरकार की ऐतिहासिक उपलब्धि थी), (6) मुख्यालय बर्मा में स्थापित कर 4 फरवरी, 1944 से स्वाधीनता संग्राम शुरू कर दिया है, (7) प्रचार, प्रसार और

प्रकाशन विभाग का काफी काम किया है, (8) भारत के स्वतंत्र भूभाग के प्रशासन के लिए 'आजाद हिंद दल' का संगठन किया है, (9) राष्ट्रीय आजाद बैंक व स्वाधीन भारत के लिए अपनी मुद्रा के निर्माण के आदेश दिए हैं, (10) हमारी सेना ने युद्ध में अपनी वीरता और योग्यता का परिचय दिया है और धीरे-धीरे आगे बढ़ रही है। भविष्य में करणीय मुख्य कार्य हैं—भारत के अंदर विद्रोह की सृष्टि करना, ब्रिटिश भारतीय सेना में प्रभावशाली प्रचार करना, संभरण और परिवहन की समस्याओं को सुलझाने का प्रयत्न करना।

उसी दिन संध्या को उन्होंने वीरों को उपाधियाँ दीं। भाषण में कहा कि भारत का स्वाधीनता संग्राम 4 फरवरी, 1944 को बर्मा के अराकान क्षेत्र से प्रारंभ हुआ। प्रथम अग्निपरीक्षा में हमारे सैनिक सफल हुए हैं। 22 मार्च को अराकान क्षेत्र के हमारे दल-नायक मेजर एल.एस. मिश्रा को 'सरदार-ए-जंग' के पदक से विभूषित करने का सौभाग्य मुझे प्राप्त हुआ है। उसके पश्चात् अनेक कर्तव्यनिष्ठ वीरों को पुरस्कार की घोषणा का सम्मान भी मुझे मिला है। लेफ्टिनेंट प्यारासिंह को उच्चस्तरीय व्यक्तिगत वीरता का पुरस्कार 'वीर-ए-जंग' मिला है, वे आजाद हिंद फौज के सभी सैनिकों के अनुकरणीय हैं।

अराकान पर आक्रमण के साथ भारत-बर्मा की सीमा के अन्य मोरचों पर विशेष रूप से हाका, टिडिम, कलादान युद्ध में विजय प्राप्त की। गत मार्च महीने में जापानी सेना के साथ सीमांत पार के मणिपुर और आसाम में प्रवेश किया। यह युद्ध हमारे जीवन-मरण का युद्ध है। अंतिम विजय तक हम जापानी सेना के साथ कंधे-से-कंधा मिलाकर आगे बढ़ते जाएँगे। 5 फरवरी को उन्होंने पत्रकार परिषद् का आयोजन किया। पत्रकार परिषद् में उन्होंने बताया कि हमारा उद्देश्य सशस्त्र अभियान क्रियान्वित हो चुका है। आजादी की लड़ाई आज भारतभूमि पर लड़ी जा रही है। अब हमारे तीन कार्य हैं—पूर्व एशिया से सैन्य-अभियानों का संचालन, भारत के मुक्त क्षेत्र में प्रशासन व पुनर्गठन, तीसरा, शत्रु अधिकृत भारतीय क्षेत्र में विद्रोह की सृष्टि। अस्थायी आजाद हिंद सरकार का विस्तार व पुनर्गठन करना होगा। अब यह सरकार उक्त तीन क्षेत्रों में कार्य करेगी। वित्त मंत्रालय का विस्तार किया जाएगा, क्योंकि सशस्त्र अभियान के लिए धन की निरंतर आवश्यकता है। जनशक्ति मंत्रालय की स्थापना की जाएगी।

मैं व पूर्व एशिया के समस्त भारतवासी इस युद्ध से आशान्वित हैं। भारत में महात्मा गांधी व अंग्रेजी सरकार में कोई समझौता नहीं हो सका है। अंग्रेज अहिंसात्मक ढंग से आजादी देंगे, इसकी कोई संभावना नहीं है, अत: आजादी चाहनेवालों को हथियारों से लड़ना चाहिए, अथवा हथियार प्रदान कर युद्ध में सहयोग देना चाहिए।

6 जुलाई को उन्होंने रंगून रेडियो से गांधीजी के नाम खुले रूप में एक संदेश प्रसारित किया। इसमें उन्होंने अंतरराष्ट्रीय राजनीति की समीक्षा करते हुए गांधी से अवसर का लाभ उठाने का निवेदन किया। उनके स्वास्थ्य व कस्तूरबा की मृत्यु पर शोक-व्यक्त करते हुए कहा, "भारत के

बाहर सभी यह अनुभव करते हैं कि भारत की आजादी संघर्ष के रास्ते ही आएगी। भारत के अंदर भी लोग यह अनुभव करने लगे हैं। अंग्रेज सरकार प्रलोभन, नैतिकता की दुहाई और असहयोगात्मक प्रतिरोध के आगे झुकनेवाली नहीं है। 1921 के लाहौर अधिवेशन में कांग्रेस ने स्वाधीनता का प्रस्ताव रखा था, तब से आज तक वही ध्येय है। अंग्रेजों ने दमनचक्र से कुचलने व जेलों में अमानवीय यातनाएँ ही दी हैं। भारत के बाहर रहनेवाले भारतीयों की दृष्टि में भी वर्तमान जागृति के जनक आप ही हैं।''

भारत से बाहर रहकर ब्रिटेन की नीति के विषय में जो गोपनीय सूचनाए प्राप्त की हैं, उनके आधार पर और उनके उद्देश्यों एवं इरादों को मैंने स्वयं देखा है, निश्चित रूप से कहा जा सकता है कि उनका एक ही उद्देश्य है—भारत का अधिकाधिक शोषण, वर्तमान में युद्ध के लिए अधिकाधिक शोषण। यदि मित्र-राष्ट्र जीतते हैं, तो अमेरिका का वर्चस्व होगा। उनके विषय में गोपनीय व विश्वस्त सूचनाओं से पता चला है कि भारतीय राष्ट्रीय आंदोलन को सदा के लिए दफनाने की उनकी योजनाएँ हैं। भारत के सार्वजनिक जीवन में मैं बीस वर्ष बिताने के बाद ही इस नतीजे पर पहुँचा हूँ कि प्रवासी भारतीयों व दूसरे राष्ट्रों की सहायता के बिना सशस्त्र-संगठन व सशस्त्र संघर्ष के बिना स्वतंत्रता असंभव है। भारत से बाहर निकलकर इस कठिन कार्य के लिए निकलने के पहले मैंने महीनों इसके परिणामों का चिंतन किया है। घर पर रहकर काम करते रहना या युद्ध की समाप्ति तक जेल में पड़े रहना मेरे लिए आसान था। भयंकर विदेश यात्रा पर निकलकर मैंने न केवल अपना जीवन और भविष्य भी दाँव पर लगाया है, अपितु अपने संपूर्ण दल का जीवन और भविष्य भी दाँव पर लगा दिया है। अंग्रेजी दुष्प्रचार के बावजूद धुरी राष्ट्र खुले रूप से भारत के मित्र हैं। युद्ध आरंभ होने से पहले ही मैंने अंतरराष्ट्रीय ख्याति के राजनीतिज्ञों से संपर्क किया और अंतरराष्ट्रीय राजनीति का निकट से अध्ययन किया है। मैंने जो कुछ किया है, वह देश की भलाई, संसार में देश की प्रतिष्ठा व आजादी के लिए किया है। उन्होंने जापान विषयक भ्रांतियों का भी निवारण किया और कहा कि जापान का सहयोग इस पर निर्भर करता है कि भारत के लोग कितना सहयोग करते हैं। यदि भारत अपनी आजादी अपने प्रयत्नों से प्राप्त कर सके, तो जापान को प्रसन्नता होगी। आजादी की लड़ाई का अंतिम अभियान शुरू हो चुका है। आपके आशीर्वाद और शुभकामनाओं की अभिलाषा है।''

गांधीजी का भारत की जनता पर बहुत प्रभाव था। यदि गांधीजी ने भारत की जनता से द्वितीय विश्वयुद्ध में अंग्रेजों का साथ न देने की अपील की होती, तो इसका प्रभाव कुछ और ही होता।

7 जुलाई को उन्होंने पूर्व-एशिया तथा मित्र राष्ट्रों के नाम संदेश प्रचारित किया, जिसमें उन्होंने अंग्रेजों द्वारा आल इंडिया रेडियो (जिसे वे एंटी इंडिया रेडियो कहते थे) से दुष्प्रचार का पर्दाफाश किया। 8 जुलाई को उन्होंने अपने देशवासियों के नाम बहुत लंबा संदेश प्रसारित किया, जिसमें यूरोप की तत्कालीन राजनैतिक स्थिति से अवगत कराते हुए उसके संदर्भ में भारत की आजादी के

अवसरों की संभावनाओं पर प्रकाश डाला। इन प्रसारणों से उनके अंतरराष्ट्रीय राजनीति का असाधारण ज्ञान, स्थिति की तह तक पहुँचने की तार्किक प्रणाली, उनके सटीक निष्कर्षों का ज्ञान होता है। नेताजी सप्ताह में वे राजनैतिक चेतना जाग्रत् करने का कोई भी अवसर हाथ से जाने देना नहीं चाहते थे। 'आजादी' का पवित्र उत्साह तथा सुभाष के जादू भरे आह्वान के कारण अनेक भामाशाह उत्पन्न हो गए थे। सब बनो 'फकीर' के नारे से प्रभावित होकर बने भामाशाहों में एक थे हबीब बेताई, जिन्होंने करोड़ों की संपत्ति दान कर दी थी। 9 जुलाई को श्री सुभाषजी ने उन्हें 'सेवक-ए-हिंद' की उपाधि से नवाजा। इन सम्मान-समारोहों का मनोवैज्ञानिक महत्त्व था। इनसे त्याग-बलिदान की भावना का प्रसार व अनेक व्यक्तियों को प्रेरणा मिलती थी।

10 जुलाई को उन्होंने भारत की आंतरिक राजनैतिक स्थिति का विश्लेषण किया। भारत में तीन प्रकार के लोग हैं—एक वे, जिन्हें कभी आजादी के स्वप्न भी नहीं आते। दूसरे, जो आजादी चाहते हैं, पर सरकारी नौकर होने के कारण कोई सहयोग नहीं देते। जब आजादी का निश्चय हो जाएगा, ये लोग हमसे आ मिलेंगे। तीसरी कोटि के लोग आजादी के लिए सक्रिय कदम उठाते हैं, मेरी वार्त्ता उन्हीं लोगों के लिए हैं। वे यदि समझते हैं कि आजादी प्रार्थना और याचना से दान में मिलेगी, तो भ्रम में हैं। देखो और प्रतीक्षा करो की नीति से सहमत नहीं हूँ कि समय आने पर आजादी पके फल की तरह गोद में गिर पड़ेगी। दूसरे मोरचों पर हारने पर भी साम्राज्य को बचाने के लिए ब्रिटिश भारत को पकड़े रहेंगे। सत्याग्रह और सविनय अवज्ञा के विकल्प भारतीय राष्ट्रीय कांग्रेस 1921 से अपनाए हुए है, परिणाम शून्य है। इसके पीछे की अंग्रेजों के हृदय-परिवर्तन की धारणा झूठी पड़ गई है। भारतवर्ष उनके साम्राज्य की नींव का पत्थर है। सत्याग्रह को क्रूर व नग्न पाशविक शक्ति से कुचल देते हैं। अंतिम विकल्प सशस्त्र संघर्ष है। उन्होंने अपनी रणनीति को तथा अंतिम विजय की आश्वस्ति के कारणों का निर्देश किया।

नेताजी अकेले ही अनेक मोरचों पर कार्य कर रहे थे, उनके सारे संगठन उनके आदेशों-निर्देशों का मुख देखा करते थे। नेताजी का अब सबसे बड़ा काम सेना का मनोबल बढ़ाए रखना था। पूर्व-एशिया में कई स्थानों पर भारतीयों की रियासतों जैसी जायदाद थी। रंगून से 150 मील उत्तर दिशा में टाँग नामक स्थान के निकट जियावाडी रियासत की आबादी पंद्रह हजार थी। धान की उपजाऊ खेती, शक्कर व जूट के कारखानों सहित कई छोटे-बड़े उद्योग वहाँ चलते थे। यह जियावाडी रियासत जापानियों ने आजाद हिंद को सौंप दी थी। जियावाडी जब जापानी अधिकार में था, उसके मैनेजर परमानंद तथा बी. प्रसाद उनके सहयोगी थे। अब ये दोनों आजाद हिंद संघ में पदाधिकारी नियुक्त हुए। नेताजी ने जियावाडी राज्य का गवर्नर जनरल चटर्जी को और श्री रामचंद्रप्रसाद को मुख्य व्यवस्थापक नियुक्त किया। आजाद हिंद सरकार की यह ऐतिहासिक उपलब्धि थी। इसकी प्रशासनिक व्यवस्था के अधिकारी लेफ्टिनेंट विट्ठलराव थे। इन्हें प्रशासनिक सेवाओं का प्रशिक्षण दिया गया था। यह एक संपूर्ण स्वतंत्र संप्रभु राज्य रहा। अस्थायी आजाद हिंद सरकार के प्रमुख विभाग यहाँ

स्थानांतरित कर दिए गए। सैनिक स्कूल, भरती कैंप, ऑफीसर ट्रेनिंग स्कूल भी यहीं खोले गए।

अंग्रेजों का बर्मा पर पुन: अधिकार होने पर आजाद हिंद ने रंगून की भाँति बिना प्रतिरोध के समर्पण नहीं किया। अंग्रेजी सेना का डटकर मुकाबला किया। जापानी घोषणा के तहत 26 जुलाई, 1944 को इंफाल का घेरा उठा लिया गया। इसी दिन जापानी प्रधानमंत्री तोजो ने त्याग-पत्र दे दिया। 13 अगस्त, 1944 को उन्होंने आजाद हिंद फौज के हटाए जाने के कारणों को बताया। यदि हमने वर्षा के पूर्व जनवरी में अभियान शुरू किया होता, तो सफलता हमारे हाथ लगती। वर्षा के पहले, अराकान मोरचे पर शत्रु को घेर लिया था। कलादान व हाका में अधिसंख्य व शस्त्रों से सुसजित सेनाओं पर विजय प्राप्त की। इससे हमारे सैन्य दलों में आत्मविश्वास पैदा हुआ है। हमारे सैनिक खाली बंदूकें लेकर भी शत्रुसेना पर पिल पड़े हैं। विजय प्राप्त की है। हमारे अफसरों को बहुत अनुभव प्राप्त हुए हैं। कमियाँ भी दिखी हैं। परिवहन आदि सुविधाओं की कमी थी, जिनकी व्यवस्था अब हम स्वयं करेंगे।

फौज का मनोबल बढ़ाने के लिए 15 अगस्त, 1944 को आजाद हिंद फौज के अफसरों को संबोधित किया। कहा कि तैयारियाँ पूर्ण होते ही हम फिर से शत्रु पर आक्रमण करेंगे। बेहतरीन, युद्धप्रिय, लड़ाकू, निर्भीक, साहसी सैनिकों व अफसरों के कारण हम अंतिम विजय प्राप्त करेंगे। लौटनेवाली सेना के सैनिकों को जीवनदान देने के कार्यक्रमों में वे अगस्त व सितंबर में व्यस्त रहे। आजाद हिंद फौज के अस्पताल मांडले, कालेवा, मौन्यवा, मेमियो में थे, बमबारी के खतरे के कारण वे जियावाडी में स्थानांतरित कर दिए गए। रानी झाँसी रेजीमेंट की महिला सैनिक परिचारिका का कार्य कर रही थीं। घायलों और बीमारी की तुलना में इनकी संख्या बहुत कम थी। सोलह वर्षीया बेला दत्त अकेले ही 85 रोगियों की संपूर्ण परिचर्या कर रही थी।

नेताजी सुभाष गांधीजी का आदर करते थे। आजादी के आंदोलन में उनके महत्त्व को उनके समीपस्थ नेताओं से अधिक समझते थे। 2 अक्तूबर, 1944 को उन्होंने गांधी जयंती मनाई। बर्मा, सिंगापुर, शहीद द्वीप (अंडमान), स्वराज्य द्वीप (निकोबार), हिंदचीन आदि स्थानों में गांधी जयंती मनाई। इस दिन गांधीजी के अहिंसा व्रत का अभिनंदन करने के लिए शाकाहार का व्रत लिया। अपने सभी पड़ावों पर तिरंगे को सलामी दी गई। सूर्योदय के पूर्व रानी झाँसी रेजिमेंट की वीरांगनाएँ वेणियों में तिरंगे फूल लगाकर प्रभातफेरी के लिए निकल पड़ीं। पुरुष सैनिक परेड के लिए तैयार थे। बर्मा सरकार ने विशेष बैंड भेजा था। सैनिक गणवेश में नेताजी कार से उतरे। कर्नल हबीबुर्रहमान ने सलामी दी। फौज ने जयघोष किया। तिरंगा झंडा फहराने के लिए नेताजी मंच के पास आए। कर्नल लक्ष्मी ने सैल्यूट करते हुए उन्हें ध्वज की डोरी थमा दी और झंडा लहरा उठा। 'कौमी निशा लहराए जा' का राष्ट्रीय गीत समवेत स्वर में गाया गया। सायंकालीन सार्वजनिक सभा में मंच की पृष्ठभूमि में तिरंगे लहरा रहे थे। तीन रंग के फानूस लटक रहे थे। मंच के बीचोबीच चाँदी के चौखट में तीन रंगों के फूलों की बनी माला से सज्जित गांधीजी की आदमकद प्रतिमा थी। एक ओर विदेशी

प्रतिनिधि तो दूसरी ओर बौद्ध महंतों के बैठने की व्यवस्था की गई थी। बौद्ध महंतों द्वारा प्रार्थना व कुरान शरीफ की आयतें पढ़ी गईं। फिर नेताजी का भाषण हुआ, उन्होंने गांधीजी को आधुनिक ऋषि कहा। गांधीजी निरंतर प्रचार करते रहते थे कि यह युद्ध हम अपने शत्रुओं से स्वाधीनता के लिए लड़ रहे थे। इससे एक ओर अंग्रेजों के दुष्प्रचार को रोक लगती थी, दूसरी ओर भारतीयों का मनोबल ऊँचा होता था। अक्तूबर में ही सुभाषजी ने मंत्रिमंडल की बैठक बुलाकर एक युद्ध परिषद् की स्थापना की, इसमें बारह सदस्य थे। डिवीजनों का पुनर्गठन किया गया। इपाहे, कुआलालंपुर, पेनांग, सिंगापुर, रंगून के प्रशिक्षण क्षेत्रों का विस्तार किया गया। अब आजाद हिंद-फौज की संख्या पचास हजार हो गई। 21 अक्तूबर, 1943 को आजाद हिंद सरकार की स्थापना हुई थी। 21 अक्तूबर, 1944 से 27 अक्तूबर तक अस्थायी आजाद हिंद सरकार-सप्ताह मनाया गया।

जापान सरकार के प्रमुख क्षेत्र में नेताजी बहुत सम्मानित थे। जापान के गृह व विदेशी मामलों में उनकी सलाह को महत्त्व दिया जाता था। इंफाल की हार के बाद जापानी प्रधानमंत्री जनरल तोजो ने त्यागपत्र दे दिया था। जनरल कोइसो अब प्रधानमंत्री थे, जिन्होंने टोकियों से शासकीय निमंत्रण-पत्र भेजा। नेताजी अक्तूबर में बहुत व्यस्त रहे। वे नवंबर में टोकियो पहुँचे। यह उनकी तीसरी जापान-यात्रा थी। प्रमुख पत्रों में नेताजी के समाचार प्रमुखता से प्रकाशित हुए। यहाँ वे पूर्व प्रधानमंत्री तोजो से भी मिले, जो नेताजी के गिरते स्वास्थ्य को देखकर चिंतित हुए। रोगशैया पर पड़े हुए रासबिहारी बोस से भी मिले। नेताजी ने दो प्रस्ताव रखे, दोनों स्वीकार कर लिये गए। जनरल कोइसो ने भी दोहराया कि जापान भारत की स्वतंत्रता में सहायता के बदले में कुछ नहीं चाहता, उसका कोई राजनैतिक या आर्थिक स्वार्थ नहीं है। नेताजी ने कोइसो से उन्हें रूस पहुँचाने में सहायता करने को कहा। उनका विचार था कि यदि वे रूस पहुँच गए, तो रूस और जापान के बिगड़ते संबंधों में सुधार का प्रयत्न करेंगे। उनकी दूरदर्शिता थी कि यदि जापानी पराजित रहे, तो दूसरी आधार-भूमि से युद्ध का संचालन कर सकें। पर यह संभव नहीं हो सका। टोकियो में उन्हें नागरिक सम्मान मिला। स्थान-स्थान पर उनके भाषण हुए। टोकियो में उनका प्रभावशाली भाषण हुआ। वे शंघाई व सिंगापुर होते हुए रंगून लौट आए।

रंगून में भारतीयों ने 23 जनवरी, 1945 को नेताजी जयंती मनाई, युद्धकोष में धन संग्रह की इच्छा से सुभाष ने इसे स्वीकार किया। नेताजी का सोने से तुलादान हुआ। महिलाओं ने पंजाबी लोकगीत, गुजराती गरबा व तुकाराम के भजनों का कार्यक्रम किया।

इस बार नेताजी ने सैनिकों को छापामार युद्ध के लिए तैयार किया। आजाद हिंद फौज में एक डिवीजन पहले से ही मोरचे पर थी, नंबर दो डिवीजन भी मोरचे पर पहुँची। स्वयं नेताजी अग्रिम मोरचों पर उपस्थित थे।

नेहरू ब्रिगेड के कमांडर थे कर्नल गुरुबख्शसिंह ढिल्लन। जनवरी में अंग्रेजी सेना इरावती नदी की ओर बढ़ रही थी। ढिल्लन को इरावती नदी के किनारे पहुँच अंग्रेजी सेना को रोकने के

आदेश मिले। तीव्रगति से इरावती के किनारे पहुँचे। पूरे क्षेत्र का निरीक्षण किया। लेफ्टिनेंट हरिराम के नेतृत्व में एक बटालियन को न्यांगू पर तैनात किया तथा कैप्टन चंद्रभान को पागन क्षेत्र में। एक बटालियन को सुरक्षित सेना के रूप में गाँव में रखा गया। नेहरू ब्रिगेड के छापामार दस्ते पाकोकू क्षेत्र में शत्रु की गतिविधियों पर दृष्टि रखने लगे। मेजर जागीरसिंह के नेतृत्व में आई टुकड़ियों ने खाइयाँ खोदना प्रारंभ कर दिया। अंग्रेजी बटालियन ने 10 फरवरी को आजाद हिंद चौक के क्षेत्र में प्रवेश किया, पर उसका पूरा सफाया हो गया। इसी समय अंग्रेजी डिवीजन ने इरावदी के दूसरे किनारे से तोपें दागनी शुरू कर दीं। दिन भर गोलीबारी कर रात में नदी पार करने का प्रयत्न किया, पर पीछे हटना पड़ा। 13 व 14 फरवरी की रात को दहकती तोपों के सहारे मोटरबोटों से इरावदी नदी पार करने की कोशिश की। आजाद हिंद के सैनिकों के दृढ संकल्प के कारण उन्हें फिर पीछे हटना पड़ा।

पागन मोरचे पर और भी भयंकर लड़ाई हुई। चंद्रभान ने अंग्रेजों की मोटरबोटों को बीच नदी तक आने दिया। नावें निशाने की सीध में आने पर मशीनगनों से गोलियाँ बरसने लगीं। अनेक नावें डूब गईं और कुछ अंग्रेज अफसरों ने घबराकर नावों में भाग कर या तैरकर जाने बचाई। 14 फरवरी को उन्होंने वायुयानों से भयंकर गोलीबारी की। दूसरे किनारे पर स्थित ब्रिटिश तोपखाना भी आग उगलने लगा। आजाद हिंद के सैनिक खाइयों में दुबके रहे। निकट आते वायुयानों को राइफलों की गोलियों से ही गिराने लगे। पस्त होकर अंग्रेजी सेना ने आजाद हिंद सेना को छोड़कर जापानी सेना पर आक्रमण कर दिया। एक चौकी छीनकर उसके सहारे उसकी बहुसंख्य सेना इरावदी पार कर पूर्वी किनारे पर आ गई। यहाँ आकर आजाद हिंद फौज की सातवीं बटालियन को घेर लिया। छतरीधारी सैनिकों को उतारकर उसे अपने शिकंजे में कस लिया। पास ही स्थित कैप्टन चंद्रभान पर भयंकर आक्रमण किया। उन्होंने भी उतना ही भयंकर जबाव दिया, जिससे अंग्रेजी सेना को पीछे हटना पड़ा। कर्नल ढिल्लन के पास न यातायात का कोई साधन था, न वायरलैस सेट अथवा टेलीफोन। फिर भी उन्होंने बड़े साहस से सैनिकों को दौड़ाकर अपनी बिखरी सेना को संगठित किया, लेकिन तब तक अंग्रेजी सेना इरावदी पार कर चुकी थी।

16 मार्च, 1945 को कैप्टन खान मोहम्मद को आदेश मिला कि वे सादे गाँव के निकट एक पहाड़ी को अपने अधिकार में लें। सादे पहाड़ी पर अंग्रेजों की पूरी एक बटालियन ने कब्जा कर रखा था। कैप्टन खान मोहम्मद उस भाग में पहुँचे, जहाँ नाला बह रहा था। अपने बीमार व नंगे पैर सिपाहियों को उन्होंने वहीं छोड़ा, एक तो नुकीली और खड़ी पहाड़ी पर चढ़ते कैसे, दूसरे उनके रहने से लौटते वक्त तक सुरक्षा रहती। रात भर चढ़ाई की, पर पत्थरों के लुढ़कने की आवाज से शत्रु चौकन्ना हो गया था। भयंकर गोली वर्षा होने लगी। आजाद हिंद फौज के सैनिक चौकी के निकट पहुँच गए। शत्रुसेना ने सहायता के लिए सैनिक भेजने का संकेत पहुँचा दिया। खान मोहम्मद के सैनिकों ने आमने-सामने की लड़ाई में उनके हौसले पस्त कर दिए, तभी अंग्रेजी सेना की सहायक

सेना ऊपर चढ़ने लगी। नीचे के नंगे पैर बीमार सैनिकों ने भी शत्रुसेना पर आक्रमण कर लाशें बिछाना शुरू कर दिया। धीरे-धीरे ऊपर पहुँच गए। लड़ाई दो घंटे सुबह पाँच बजे तक चली। आखिर कैप्टन मोहम्मद की जीत हुई। शत्रुसेना के दो सौ और आजाद सेना के सत्रह सैनिक खेत रहे।

दूसरे दिन 17 मार्च, 1945 को अंग्रेजी सेना ने आजाद हिंद फौज पर तीव्र आक्रमण किया। उस क्षेत्र में आजाद हिंद फौज की तीन कंपनियाँ थी, जिनमें लेफ्टिनेंट करतारसिंह की कंपनी नलेंग गाँव के निकट व लेफ्टिनेंट ज्ञानसिंह बिष्ट की कंपनी टाँगजिन के उत्तर-पूर्व में स्थित थी। एक आपातकाल के लिए सुरक्षित रखी गई थी। ज्ञानसिंह बिष्ट जिस क्षेत्र में थे, वह खुला मैदान था, कुछ मील दूर एक ऊँची पहाड़ी थी, जिस पर अंग्रेजों की तोपें थीं। बिष्ट की टुकड़ी तोपखाने की सीधी मार में थीं। उनके पास केवल कुछ राइफलें या टैंक विध्वंसक बम थे। अंग्रेजी सेना ने इसी कंपनी पर भारी बमवर्षा कर दी। फिर तोपें दागना शुरू कर दिया। इसी बीच थल सेना बख्तरबंद गाड़ियों में भर-भरकर तीनों ओर से आजाद हिंद फौज को घेरने लगीं। एक भाग ने करतारसिंह की कंपनी पर, दूसरी ने विष्ट की कंपनी पर धावा बोल दिया। बढ़ी आ रही सेना ने खाइयों पर तोपों और मशीनगनों से अग्निवर्षा की। फिर दैत्याकार टैंक खाइयों के समीप पहुँचे कि यदि कुछ सैनिक भी बच रहे हों, तो उन्हें वहीं समाप्त कर दिया जाए। बिल्कुल निकट आया देख ज्ञानसिंह के सैनिकों ने टैंक विध्वंसक बम फेंके, जो फटे नहीं। ज्ञानसिंह ने देखा, घोर संकट है। हमारा शत्रुसेना के शस्त्रों और संख्या से कोई मुकाबला नहीं। उन्होंने आदेश दिया है, 'हमला करो'। उनके साथ सारे सैनिक खाई से कूद पड़े। तेज आवाज में 'नेताजी की जय,' 'भारतमाता की जय' का घोष करते हुए बख्तरबंद के पीछे आती हुई अंग्रेज सेना पर वे टूट पड़े। कुछ गाड़ियों पर हमला बोल दिया, जिससे सैनिक कूदकर नीचे आ गए। दो घंटे आर-पार की लड़ाई हुई। आजाद सेना के 18 सैनिक 600 अंग्रेज सैनिकों पर भारी पड़ रहे थे।

सेना को घटती देख शत्रुसेना ने पलायन कर दिया। ज्ञानसिंह भागती हुई सेना का पीछा करने के लिए अपने शेष सैनिकों को संगठित कर ही रहे थे कि एक गोली आकर उनके मस्तक में लगी। उधर करतारासिंह की ओर बढ़नेवाली सेना के टैंकों को रोकने के लिए आजाद हिंद फौज ने गाँव में आग लगा दी, जो उस समय खाली पड़ा हुआ था। टैंकों का मार्ग अवरुद्ध हो जाने से शत्रु सेना लौट गई। मोरचा आजाद हिंद फौज के हाथ रहा। इस प्रकार नेहरू ब्रिगेड ने अपना कार्य सफलतापूर्वक पूरा किया। नया आदेश उसके लिए यह था कि पोपा लौटकर मीकतिला व क्याकपादग की रक्षा करे। नं 3 इंफैंट्री रेजीमेंट के कमांडर सहगल 13 फरवरी, 1945 को पोपा मोरचे की ओर रवाना हुए, यहाँ उन्हें ज्ञात हुआ कि नं. 4 गुरिलजा रेजीमेंट को न्यांगू व पागन क्षेत्रों से पीछे हटना पड़ा, तो उन्होंने पोपा पहुँचने की शीघ्रता की। कर्नल सहगल 18 फरवरी को पोपा पहुँच गए। इस समय तक न्यांगू पागन, पाकोकू पिनबिन, टाँग था क्षेत्र अंग्रेजी सेना के कब्जे में आ गए थे और मीकतिला के बाहरी भाग पर भी उसका अधिकार हो गया था। नेताजी अंग्रेजी सेना के जाल में पूरी तरह फँस

गए थे।

इस समय मीकतिला में भयंकर लड़ाई चल रही थी। अंग्रेजी और जापानी सेनाएँ लड़ रही थीं। आजाद हिंद फौज जापानी सेना की सहायता कर रही थी। आजाद हिंद फौज ने कर्नल सहगल के नेतृत्व में पिनबिन पर अधिकार करने की कोशिश की थी। पर अंग्रेजी सेना ने उन्हें घेर लिया। उनकी एक जीप और ट्रक शत्रुसेना के हाथ पड़ जाने से नक्शे और युद्ध योजना के महत्त्वपूर्ण दस्तावेज शत्रु के हाथ लग गए। सहगल मुश्किल से जान बना सके, अत: योजना कुछ समय के लिए स्थगित कर दी गई। उधर कैप्टन बागरी के नेतृत्व में कब्यू नामक स्थान पर एक कंपनी पिनबिन पर होनेवाले आक्रमण में सम्मिलित होने के लिए प्रतीक्षा कर रही थी। 30 मार्च, 1945 को अंग्रेजी सेना ने इस पर भीषण आक्रमण कर दिया। पहले उन्होंने जापानी कंपनी पर आक्रमण किया, पर उनके टैंक विध्वंसक बम से अपना टैंक नष्ट हो जाने पर उन्होंने आजाद हिंद फौज पर आक्रमण कर दिया। आजाद हिंद फौज के सैनिकों ने टैंकों के पीछे आती अंग्रेजी पैदल सेना पर जोरदार हमला बोल दिया। भारतीय सैनिकों की मार से विचलित होकर अंग्रेजी सेना फिर जापानी कंपनी की ओर मुड़ी। जापानी सैनिक हताहत और घायल हुए। शेष भाग खड़े हुए। कैप्टन बागरी ने यह देखकर अंग्रेजी सेना पर भारी बमवर्षा की। आमने-सामने के युद्ध में भयंकर लड़ाई की। अंग्रेजी सेना ज्यादा देर नहीं टिकी। आजाद हिंद फौज ने मृत और घायल जापानी सैनिकों को उठाकर जापानी मुख्य शिविर में पहुँचा दिया, जिन्हें जापानी सैनिक छोड़कर भाग गए थे। कैप्टन बागरी को लैंगी जाने का आदेश हुआ। यहाँ अंग्रेजी बमवर्षकों तथा तोपों की मार से आजाद हिंद फौज को भारी क्षति हुई। कुछ सैनिक और अधिकारी शत्रु से मिल गए।

बर्मा पर जापानी अधिकार हो जाने पर जापान ने बर्मा को स्वतंत्र घोषित कर दिया था। बर्मा की राष्ट्रीय सरकार की स्थापना भी हो चुकी थी, परंतु युद्ध के कारण उसकी हालत अच्छी नहीं थी। भारत और जापान से वहाँ कपड़ा पहुँचता था, जिसका आयात अब बंद हो गया था। युद्ध की आधारभूमि होने से अमेरिकन बमों का प्रहार भी सहना पड़ रहा था। बर्मी सेना के कमांडर आंग-सांग थे। इस सेना का प्रशिक्षण जापानियों ने ही किया था। इस बर्मी सेना ने, जिसे अंग्रेजी सेना को रोकने के लिए प्रोम भेजा गया था, जापानियों के विरुद्ध विद्रोह कर दिया। जापानी सैनिकों को मारकर छापामार टुकड़ियों के रूप में विभक्त हो गई। इन्हें बर्मी ग्रामीणों से सहायता मिलती थी। वे जापानी लॉरियों, युद्ध सामग्री, खाद्य सामग्री व छोटी-मोटी जापानी टुकड़ियों का सफाया करने लगे। जापानी फौज ने नेताजी से प्रार्थना कि वे बर्मी फौज पर नियंत्रण करें। परंतु नेताजी सदैव कहते रहे थे कि आजाद हिंद फौज की स्थापना भारत की आजादी की लड़ाई के लिए है और यदि बर्मी लोग अपनी आजादी की लड़ाई लड़ रहे हैं, तो उनके मुक्ति संग्राम में अवरोध हमारे सिद्धांत के प्रतिकूल होगा। बर्मी लोग आजाद हिंद फौज को पूरी सहायता पहुँचा रहे थे।

लैंगी पर जापानी फौज की स्थिति कमजोर होने पर अंग्रेजी सेना ने आजाद हिंद फौज पर

आक्रमण किया। उनकी नीति थी धुआँधार बमवर्षा और तोपखानों की आग के बाद जमीनी लड़ाई, और इसी नीति के तहत उन्होंने लैंगी में कई बार भयंकर आक्रमण किए। सेकंड लेफ्टिनेंट कंवलसिंह और हवलदार अंदुल मन्नू ने सभी आक्रमणों का वीरता से मुकाबला किया। टांडबिनी में 20 अप्रैल को कैप्टन बागरी मैदान में होने से खाइयाँ खोद रहे थे कि शत्रुसेना के टैंकरों ने उन्हें घेर लिया। उनके सामने दो ही विकल्प थे—आत्मसमर्पण या लड़ते-लड़ते मृत्यु। उन्होंने अंग्रेजों के टैंक और बख्तरबंद गाड़ियों की धज्जियाँ उड़ाते हुए वीरगति प्राप्त की। उनके पूरे दल ने इसी तरह मृत्यु का वरण किया।

यह वह समय था, जब जापानी सेनाएँ पीछे हट रही थीं। बर्मा की फौज के विद्रोह से अंग्रेजों का पलड़ा भारी हो गया था। जापानी सेनाओं के पीछे हटने के क्रम में आजाद हिंद फौज की भारी क्षति हुई। इसी समय मार्च 1945 में मेजर मदान, मेजर रियाज, मेजर सुलतान सरवर, मेजर डे और मेजर मोहम्मद बख्श नामक अफसरों ने विश्वासघात किया। वे अंग्रेज अधिकारियों से जा मिले। सुभाषबाबू इससे बहुत त्रस्त हुए। उन्होंने विशिष्ट सैनिक निर्देश जारी कर सामान्य सैनिक को भी अधिकार दिया कि विश्वासघात की स्थिति में बड़े-से-बड़े सैन्य अधिकारी को गोली से उड़ा दिया जाए। संकट की विकट परिस्थितियों में भी आजाद हिंद फौज ने अपना मनोबल बनाए रखा। ऐसे भी अवसर आए, जब फौजी पराजयजन्य समर्पण से बचने के लिए आत्मघात करने लगे, तब नेताजी ने आदेश दिया निःशस्त्र और घायल सैनिकों के आत्मसमर्पण में कोई हानि नहीं है। इसीलिए सहगल, ढिल्लन, लक्ष्मी व शहनवाज खाँ जैसे अधिकारियों को विवश होकर समर्पण करना पड़ा।

जापानी सेनाएँ रंगून छोड़ रही थीं, तब भी नेताजी रंगून से ही भारत की आजादी की लड़ाई लड़ना चाहते थे, पर युद्ध परिषद् ने सर्वसम्मति से यह निर्णय लिया कि अन्य भूमि को आधार बनाकर नेताजी आजादी की लड़ाई का संचालन करें। नेताजी ने रंगून छोड़ने के पूर्व सबसे पहला उत्तरदायित्व यह पूर्ण किया कि बर्मा की भारतीय बेटियों, जो रानी झाँसी रेजीमेंट की सदस्याएँ थीं, उनके घर पहुँचाया। बीमार और घायलों को भी रंगून से बाहर भेजा। दूसरा कार्य किया कि बर्मा के भारतीयों की रक्षा के लिए पाँच हजार जवान वहाँ छोड़ दिए। सारे प्रशासकीय अधिकार मेजर जनरल लोकनाथन को सौंप दिए। बर्मा में अब कोई सरकार न रह जाने से अराजकता की स्थिति थी। बर्मा की राष्ट्रीय सरकार के प्रधान डॉ. बामा भी सपरिवार रंगून छोड़ चुके थे। अतः लुटेरे और डाकू सक्रिय हो गए थे। डॉ. बामा के चले जाने से बर्मी जनता में रोष था। आजाद हिंद फौज ने बर्मी जनता का अपनी प्रजा की तरह संरक्षण किया। आजाद हिंद सरकार ने पाँच लाख रुपयों का दान दिया था। नेताजी सदैव उनकी सहायता करते थे। आजाद हिंद फौज ने अपने भंडार से बिना मूल्य दाल का विरतण किया। कुछ हद तक कपड़ों का अभाव दूर किया। जनरल लोकनाथन ने डाकुओं से रक्षा कर शांति स्थापना की। बर्मी जनता तो भारतीय शासन की इच्छा करने लगी थी।

बर्मा के प्रवासी भारतीयों ने आजाद हिंद फौज को भरपूर सहयोग दिया था, इनकी संख्या

अधिक थी। आजाद हिंद फौज ने अराजकता के इस संकट में न केवल भारतीयों की, अपितु बर्मी लोगों की भी अकथनीय सेवाएँ की थीं। लेफ्टिनेंट जीवनसिंह की सेवाएँ उल्लेखनीय रहीं। बर्मा छोड़ने के पहले नेताजी ने अपने फौजी साथियों और बर्मा के निवासियों के नाम संदेश प्रसारित करना अपना कर्तव्य समझा। उनका संदेश था—''आजाद हिंद सेना के बहादुर अधिकारियों और सिपाहियो, मैं बहुत भरा दिल लेकर बर्मा छोड़ रहा हूँ। वह बर्मा जहाँ आपने 1944 की फरवरी से बहुतेरी लड़ाइयाँ लड़ी हैं। इंफाल के मैदानों में, अराकान के जंगलों में। और बर्मा के तेल-क्षेत्रों में दुश्मनों के लड़ते हुए आप लोगों ने जो वीरतापूर्ण कार्य किए हैं, वे सब आजादी की लड़ाई के इतिहास में सदा के लिए अमर रहेंगे। मेरे साथी विद्रोहियो! अपना झंडा तब तक ऊँचा रखना जब तक कि वह लाल किले पर न फहराए।''

नेताजी ने आजादी के लिए संकटपूर्ण यात्राएँ पहले भी दो बार की थीं। यह तीसरी यात्रा संभवतः उससे भी अधिक कष्टपूर्ण थी। समाचार था कि अंग्रेजी सेनाएँ किसी भी समय रंगून पहुँच सकती हैं। सभी लोग चिंतित थे कि नेताजी यदि शीघ्र नहीं निकले तो या तो गिरफ्तार होंगे या फिर मारे जाएँगे। पर नेताजी के काम समाप्त ही नहीं हो रहे थे, वे मुख्यालय में उपस्थित होकर व्यक्तिगत रूप से प्रत्येक कमांडर और उसके दल से विदा ले रहे थे।

नेताजी को रंगून से सुरक्षित बाहर निकालने के लिए जापानी फौज ने उन्हें वायुयान देने की पेशकश की, परंतु वे रानी झाँसी रेजिमेंट और अपने सहयोगियों को अकेला नहीं छोड़ना चाहते थे। आखिर रेलगाड़ी की व्यवस्था की गई, पर उस पर जापानी सैनिक सवार हो गए। अतः लारियों की व्यवस्था की गई। छह कार तथा पंद्रह लारियों में नेताजी, उनके सहयोगी, कुछ फौजी दस्ते व रानी झाँसी रेजिमेंट रंगून से प्रस्थित हुए। तीन लारियों में रानी झाँसी रेजीमेंट की लड़कियों के साथ उत्तरदायी फौजी ऑफिसर बिठाए गए। पहली यात्रा पीगू के लिए हुई। थोड़ी ही देर में हवाई जहाज आसमान में दौड़ने लगे। सभी लोग सड़क के दोनों ओर वृक्षों की ओट या गड्ढों में छिप गए। गाड़ियों को वृक्षों की टहनियों से ढक दिया गया। दुबारा काफिला आगे बढ़ा, तो तोपों की गड़गड़ाहट सुनाई दी। नेताजी बार-बार लारियों की गिनती करते थे। उन्होंने खोजी दस्ते को जानकारी करने के लिए भेजा। पता चला कि भागते हुए जापानी अपने ही शस्त्र भंडारों को नष्ट कर रहे हैं। रास्ते में नेताजी का जाँबाज नामक लड़ाकू दस्ता मेजर पी.एस. रतूरी के नेतृत्व में रंगून से जंगल के रास्ते बैंकॉक जाते हुए मिला। नेताजी का काफिला 'वाव' नामक स्थान की ओर बढ़ा। प्रातः काल हो जाने के कारण वाव से पहले ही एक गाँव में ठहर गया, क्योंकि दिन में बम-वर्षकों का खतरा था। वे अपने साधारण से साधारण सैनिक का भी बहुत खयाल रखते थे और अपनी ओर से बेखबर रहते थे।

रात को फिर काफिला रवाना हुआ। जोर की बारिश हुई। आस-पास की सारी भूमि दलदली हो गई। रास्ते में नाला पड़ा। नेताजी की कार नाले में डूबने लगी। कूदकर सबने कार को खींचा।

देखा नेताजी कार में नहीं बाहर खड़े होकर पीछे आनेवाली लारियों को थोड़ा चक्कर काटकर नाले को पार करने का निर्देश दे रहे थे। वर्षा हो जाने के कारण गाड़ियाँ या तो फिसल रही थीं या दलदल में फँस रही थीं। बड़ी कठिनाई से नेताजी का समूह वाव नदी के किनारे पहुँचा। नदी का पुल शत्रुओं ने उड़ा दिया था। एक नाव थी, पार जानेवाले जापानियों की संख्या हजारों में थी। रात में ही सबको नदी पार करनी थी। आखिर ऐसे स्थान की खोज की गई, जहाँ से चलकर नदी पार की जा सके। पानी में कर्नल मलिक और मेजर स्वामी खड़े हो गए। रानी झाँसी रेजिमेंट को उस स्थान से नदी पार करने का आदेश मिला। लड़कियाँ बड़े साहस से अपना सामान और राइफलें लेकर उतरीं। कुछ चलकर गईं, कुछ तैरकर और जो डूबने लगीं, उनकी सहायता दोनों अधिकारियों ने की। जापानी अधिकारियों ने नेताजी से पहले नदी पार करने को कहा। नेताजी का कहना था कि सब साथियों को पार कराने के बाद ही वे नदी पार करेंगे। सबसे अंत में ही नदी पार करेंगे। सबसे अंत में ही उन्होंने नदी पार की। तब तक सुबह हो चुकी थी। अब वे अपिया गाँव के सभाभवन में पहुँचे, जहाँ उसके मालिक ने सबका स्वागत किया। दिन भर अपिया में बिताने के बाद रात को दो दल बनाए गए। दोनों के साथ रानी रेजीमेंट की आधी-आधी संख्या थी। पहले दल को कीचड़ में फँसी लारी छोड़कर भीगते हुए ही दलदल के रास्ते पैदल चलकर नोंनकाशे पहुँचना पड़ा। दूसरे दल को, जिसमें नेताजी भी थे, इसी तरह पैदल चलना पड़ा। घनी अँधेरी रात, कीचड़ भरा जंगल का रास्ता व पीठ पर सामान लादे अपने देश की खोई हुई आजादी की तलाश में नेताजी फफोलों भरे पैरों से चलते रहे। सितांग नदी पार करने के लिए भी वही स्थिति हुई। पुल नष्ट कर दिया गया था। नदी पार करना असंभव जान वे फिर उसी गाँव में पहुँचे। शाम को विमान की बमवर्षा का खतरा जानकर नदी पार की। उनके सैनिकों ने उनमें सैनिक, राजनीतिज्ञ, नेता और मानवतावादी सर्वोच्च गुणों का अनुभव किया। नदी पार कर नेताजी जहाँ ठहरे थे, वहाँ शत्रु के लड़ाकू विमानों ने इतनी गोलियाँ बरसाईं कि कोई जगह नहीं बची। लेफ्टिनेंट नजीर अहमद को गोली लगी, बाद में मोलमीन के अस्पताल में उनकी मृत्यु हो गई। शेष किसी को गोली ने नहीं छुआ। आगे नेताजी ने दल के संचालन का भार जनरल कियानी को सौंप दिया।

जापानी जनरल इसोदा आजाद हिंद सरकार के जापानी राजदूत थे, जो साथ चल रहे थे। वे नेताजी से बार-बार कार में चलने का आग्रह कर रहे थे। नेताजी ने कहा, जब तक मेरे सभी साथियों को गाड़ियों से आगे नहीं पहुँचाया जाता, मैं गाड़ी मैं नहीं बैठूँगा। फफोले भरे पावों से भी वे सबसे तेज चल रहे थे। प्रातः होने के पूर्व ही जनरल कियानी ने रुकने का आदेश दिगा। सभी लोग सड़क के दोनों ओर धूल में ही बैठ गए। कियानी सुरक्षित स्थान की तलाश में निकल पड़े। सूर्योदय होने के पूर्व ही सभी को घने जंगल में ले गए। हमलावर विमानों ने यहाँ भी गोलाबारी की। नेताजी के साथ सब निश्चिंत थे। तीन हफ्तों की प्रतिदिन की गोलाबारी में नेताजी के पुण्यप्रताप से नजीर अहमद को छोड़कर किसी को भी गोली नहीं लगी। सबके बैंकॉक सुरक्षित पहुँच जाने पर ही उनकी

मृत्यु मोलमीन अस्पताल में हुई। नेताजी ने नाले के काले पानी को रेत के माध्यम से साफ कर उबाला। सबको चाय पिलाई। एक अधिकारी डे को निकटस्थ गाँव में भोजन सामग्री की तलाश में भेजा। झाँसी की रानियों (नेताजी ने इन्हें इसी प्रकार संबोधित करते थे) ने भोजन बनाना प्रारंभ किया ही था कि विमानों की आवाजें आने लगीं। आग बुझा दी गई। कई बार आग जलाने-बुझाने की क्रिया दोहराई गई, क्योंकि शत्रु विमान ज्यादा ही सक्रिय थे। भोजन प्राय: कम ही होता था और कभी नहीं भी होता था। नेताजी सबसे अंत में भोजन करते थे। एक प्याली चाय और एक कौर भोजन को तरसते हुए भी वे पूरी यात्रा में आश्चर्यजनक रूप से स्थिरचित्त रहे। वे एक सच्चे नेता और मित्र की भाँति सबको सुरक्षित पहुँचाने व जीवित रहने लायक भोजन-पानी की पूर्ति के लिए प्रयत्नशील रहते थे। प्रत्येक संध्या को भूखे-प्यासे फिर चलना होता था। आज वे लँगड़ा रहे थे। संध्या को चार लारियों का इंतजाम हो गया, पर नेताजी पैदल ही चले, क्योंकि उनका संकल्प सबके बाद बैठने का था, और चार लारियों में सबका बैठना संभव नहीं था। लारी वाले दल ने बड़ी मुश्किल से बिलिन नदी पार की। नेताजी का दल चौबीस घंटे विलंब से पहुँचा। नेताजी की जिद से जापानी लोग भी परेशान थे। आखिरकार एक गाड़ी की व्यवस्था हुई और नेताजी अपने साथियों के पास पहुँचे। यह गाँव विमानों की अग्निवर्षा के कारण उजाड़ हो गया था। आधा घंटे पश्चात् फिर रात की यात्रा कर एक खँडहर गाँव में ठहरे। प्राय: झाड़ियों की पत्तियाँ उबालकर पेट भरना होता था। उस दिन भोजन बन गया, पर खाया नहीं गया। पूरे दिन गोलियाँ बरसती रहीं। संध्या होते ही फिर यात्रा पर निकलना था, क्योंकि रात ही यात्रा के लिए सुरक्षित समय था। अपने साथियों और बच्चियों को भूखे देखकर वे दुखित तो हुए, पर संकल्प से डिगे नहीं।

नेताजी ने साथियों के अद्भुत साहस से संकट का सामना करने की शक्ति की प्रशंसा की। उनके उद्बोधन ने लोगों में नया जोश पैदा किया।

मोलमीन में पूरी आजाद हिंद फौज एकत्र हो गई। रेलगाड़ी से प्रस्थित हुआ दल भी बैलगाड़ी व पैदल यात्रा करते हुए वहाँ पहुँच गया। मोलमीन से मालगाड़ी द्वारा कुछ दल बैंकॉक पहुँचे। मालगाड़ी के इंजन और डिब्बों को टहनियों और पत्तों से ढक दिया गया था, फिर भी बमवर्षा में डिब्बे क्षतिग्रस्त होते रहे। नेताजी को पटरियों पर चलनेवाली मोटर ट्रॉली में बिठाया। बैंकॉक में पहुँचकर वे थाईलैंड में आजाद हिंद संघ के वित्त सचिव सेवकराम मेहतानी के यहाँ ठहरे। दूसरा दल रघुनाथ शास्त्री के मकान में ठहरा। दोनों अपने नौकरों के लिए बनाए गए कमरों में रहने चले गए।

विजेता ब्रिटिश फौज ने आते ही आजाद हिंद फौज के सैनिकों व अधिकारियों की गिरफ्तारी की। नेताजी के विषय में जानने के लिए उनको अमानवीय यातनाएँ दीं। आजाद हिंद फौज के सभी अधिकारियों, यहाँ तक कि महिला व बाल सैनिकों ने भी अपने बुलंद हौसलों का परिचय दिया। बालसैनिक तो अंग्रेजों को चिढ़ाने के लिए उन्हें देखते ही जयहिंद कहकर भाग जाते थे। एक बार बाल-वीरों ने एक अंग्रेज अधिकारी को घेरकर उससे भी 'जयहिंद' का नारा लगवाया। झाँसी की

रानियाँ नेताजी के चित्र को अभिवादन करके ही बयान देती थीं। चित्र हटा दिए जाने पर उनके नाम लेकर उनकी साक्षी में बयान देती थीं। अंग्रेजों ने आजाद हिंद की संपूर्ण संपत्ति पैंतीस लाख रुपए जब्त कर ली। आजाद हिंद फौज के 750 अधिकारी व हजारों सैनिक मुकदमे के लिए भारत भेज दिए गए।

नेताजी बैंकॉक आते हीं आगामी रणनीति बनाने में जुट गए। निरंतर मंत्रिमंडल की औपचारिक-अनौपचारिक बैठकें होने लगीं। जर्मनी परास्त हो चुका था। बर्मा के पश्चात् जापान की पराजय भी लगभग तय थी। इस प्रकार मित्र-राष्ट्रों का पलड़ा भारी था, अब अंग्रेज भारत में अपना शिकंजा और तेजी से कसना चाह रहे थे। अत: वेवल को वायसराय बनाकर भेजा गया और भारत को प्रस्तावित आजादी से दूर रखने का प्रयास किया। नेताजी को भय था, कहीं कांग्रेस वेजल प्रस्ताव को स्वीकार न कर ले, अत: उन्होंने अन्य मोरचे से सशस्त्र अभियान भेजने का निर्णय किया। रूस और जापान के तटस्थता के संबंध थे। रूस समाजवादी देश था, अत: भारत के प्रति सहानुभूतिपूर्ण दृष्टिकोण की आशा थी। पूँजीवादी अमेरिका व साम्राज्यवादी ब्रिटेन से उसके संबंध विवशताजन्य थे। मंत्रिमंडल की सलाह थी कि अगला धावा थाईलैंड पर होगा, अत: शीघ्र ही थाईलैंड छोड़ देना चाहिए। उन्हें रूस उभरते हुए तारे के समान दिखाई दे रहा था। वे रूस की गतिविधियों का सूक्ष्मता से अध्ययन कर रहे थे। उन्होंने कहा, यह विश्वयुद्ध यूरोप में एक नई शक्ति को जन्म दे रहा है, जो अमेरिका के लिए खतरनाक सिद्ध होगी। आज ब्रिटिश साम्राज्यवाद अमेरिका की बैसाखियों पर चल रहा है, पर यह अधिक दिन नहीं रहेगा। ब्रिटिश साम्राज्यवाद भारत के आधार पर टिका है। हमें एक धक्का देना है, अंतिम विजय हमारी ही होगी।

बैंकॉक से नेताजी सिंगापुर पहुँचे। 25 मई, 1945 को उन्होंने जर्मनी की पराजय के कारणों का विश्लेषण किया। जर्मनी के विपत्ति के दिनों में भारत की आजादी के लिए जर्मनी व उसके नागरिकों ने जो सहानुभूति और सहयोग दिया, उसके प्रति आभार व्यक्त किया। मित्र राष्ट्र आजाद हिंद फौज के गिरफ्तार सैनिकों अधिकारियों के साथ बर्बर व्यवहार कर रहे थे। सुभाषबाबू ने अपने भाषण में पूछा कि अंग्रेज जर्मनी व जापान को अपने युद्धबंदियों के प्रति दुर्व्यवहार के लिए कोसते हैं, उनसे पूछना चाहता हूँ कि वे आजाद हिंद फौज के सैनिकों के साथ कैसा व्यवहार कर रहे हैं? वे यह न समझें कि हम प्रतिशोध लेने की स्थिति में नहीं हैं। सबसे सरल उपाय है कि भारतवासी इस मामले में प्रचंड व आवेगपूर्ण आंदोलन कर दें, तो अंग्रेजों के होश ठिकाने आ जाएँगे। ईमानदार, देशभक्त क्रांतिकारी तो सद्भावना के अधिकारी हैं। अंतरराष्ट्रीय नियमों के पालन के प्रति मौखिक वाचालता दिखानेवाले अंग्रेजों के प्रति आंदोलन करने की अपील उन्होंने अपने देशवासियों से की, जिसका अनुकूल असर हुआ। उन्होंने वेवल-योजना के विषय में भी सावधान किया कि अंग्रेज चाहते हैं कि उनका साम्राज्य सुरक्षित रखने के लिए भारतीय अपना खून व पैसा बहाते रहें। उन्होंने यह भी कहा कि भारत की मुक्ति का सर्वोत्तम उपाय भारत के बाहर से सशस्त्र अभियान

चलाना ही है। बाहर भारत के असंख्य मित्र हैं, विश्व जनमत के न्यायालय और सम्मेलनों में हमारी वकालत कर सकते हैं। साथ ही मेरे देशवासियो! आपको भी उचित अवसर पर विद्रोह के लिए तैयार रहना होगा। इसमें ब्रिटिश भारतीय फौजें भी सहयोग कर सकती हैं।

आजाद हिंद फौज का पुनर्गठन व युद्ध के नई आधारभूमि की तलाश थी। इस बीच नेताजी ने अपने देशवासियों के नाम 18 जून, 1945 से 29 जून, 1945 तक लगातार संदेश प्रसारित किए। मित्र राष्ट्रों की जीत से अपना मनोबल कम न होने के लिए व वेवल-योजना से सावधान रहने के लिए लगातार संदेश प्रसारित करते रहे। वे सिंगापुर में बैठकर शिमला-सम्मेलन की कारवाइयों पर टिप्पणी करते रहे। शिमला सम्मेलन के असफल होने का महत्त्वपूर्ण कारण नेताजी का उसके विरोध में प्रचार था। नेताजी समय-समय पर भारत-विभाजन की अंग्रेजों की षड्यंत्रकारी चाल से भारतवासियों को सावधान करते रहते थे।

जापान के समर्पण को नेताजी ने अपनी हार नहीं माना। 12 अगस्त को नेताजी अपने साथियों के साथ सिंगापुर की ओर प्रस्थित हुए। रानी झाँसी रेजीमेंट अभी तक सिंगापुर में थी। वे गिरफ्तार होना चाहती थीं। नेताजी ने उन्हें छह महीने से अधिक समय तक के लिए खर्च के रुपए देकर मिसेज थीवर की देखरेख में उन्हें उनके घर भिजवाया। नेताजी ने अपने विषय में निर्णय लेने का अधिकार मंत्रिमंडल के पास सुरक्षित रखा। रानी झाँसी रेजिमेंट ने जाने के पूर्व महारानी लक्ष्मीबाई के जीवन पर आधारित एक नाटक खेला, जिसे संकट सिर पर सवार होने पर भी उन्होंने देखा। आश्चर्य है कि शत्रुसेना के कभी भी घेर लेने के संकट के बीच आजाद हिंद फौज के साथ नागरिक जन भी धैर्य से बैठे हुए थे। उनके सामने ही जापानी सैनिक जान बचाकर भागने में लगे हुए थे। नाटक की समाप्ति पर तीन हजार दर्शकों के साथ नेताजी ने राष्ट्रगीत गाया। दूसरा कार्य किया सिंगापुर में शहीद स्मारक के निर्माण का। इसका शिलान्यास 8 जुलाई, 1945 को हो चुका था। तब जापान इतना शीघ्र समर्पण कर देगा, इसका अनुमान नहीं था। नेताजी के व्यक्तित्व से सम्मोहित होकर अपना सर्वस्व लुटा देनेवालों को नेताजी कैसे भूल सकते थे? 'अज्ञात शहीदों के नाम स्मारक' खड़ा कर भावी पीढ़ियों के लिए प्रेरणास्तंभ निर्मित करना चाहते थे। अतः प्रस्थान के पूर्व ही 15 अगस्त को उन्होंने नमूना पास कर इसके निर्माण का कार्य कर्नल स्ट्रैसी को सौंपा। यह स्मारक सिंगापुर के एसप्लेनेड पार्क में बनाया गया था। अंग्रेजी फौजें जब सिंगापुर उतरीं, उन्होंने तीन स्तंभोंवाला स्मारक देखा, जिसपर क्रमशः इत्तेफाक, एत्माद और कुर्बानी (एकता, विश्वास और बलिदान) शब्द अंकित थे। उन्होंने डायनामाइट लगाकर उसे उड़ा दिया। अंग्रेजों का यह अक्षम्य व अमानवीय अपराध था। कर्नल स्ट्रैसी ने नेताजी के प्रस्थान पूर्व के आदेश का पालन कर दिन-रात की मेहनत से इसे तैयार कराया था। अंग्रेजों ने यह प्रचार कर रखा था कि आजाद हिंद फौज बिना लड़े ही समर्पण कर देती है, यह उनके प्रचार की पोल खोलता था। दूसरे यदि यह खड़ा रहता तो विद्रोह की भावना फैलाता। आजाद हिंद फौज के गिरफ्तार होने पर सिंगापुर के भारतीय

नागरिक उस ध्वस्त स्मारक पर फूल चढ़ाते रहे। स्वाधीन भारत में जनता को जब सिंगापुर में भारतीय शहीदों के स्मारक को ध्वस्त करने की बात पता चली, तो उसे पुन: स्थापित करने की माँग हुई। भारतीय संसद् सदस्य एच.वी. कामथ ने इस विषय को लोकसभा में भी उठाया। नेशनल हेरिटेज बोर्ड ऑफ सिंगापुर ने सिंगापुर के भारतीय नागरिकों के धन से 1915 में इसी स्थान पर स्मारक बनवाया है।

16 अगस्त, 1945 को सुबह नेताजी ने आजाद हिंद सरकार, आजाद हिंद फौज, आजाद हिंद संघ और भारतीय स्वतंत्रता संग्राम के इतिहास के साक्षी सिंगापुर से विदा ली। तीन बजे उनका विमान बैंकॉक पहुँचा। बैंकॉक से सैगोन पहुँचे। 17 अगस्त को सुभाषबाबू सैगोल से टूरेन (इंडोचीन) पहुँचे। ताईहोकू से नेताजी की अंतिम उड़ान का विवरण निर्विवाद नहीं है। इसका विवरण जापानी सूत्रों से प्राप्त हुआ है। टोकियो रेडियो ने मातमी धुन के बाद प्रसारित किया था कि सैगोन से मंचूरिया जाते वक्त सुभाषचंद्र बोस का विमान दुर्घटनाग्रस्त हो गया था। ताईपई के सैनिक अस्पताल में उनका देहांत हो गया। 21 अगस्त, 1945 को दिल्ली रेडियो से नेताजी सुभाषचंद बोस की 18 अगस्त, 1945 को विमान दुर्घटना में मृत्यु के समाचार प्रसारित हुए। ताईहोकू से जिस बोकर (छोटे विमान) से सुभाषबाबू प्रस्थित हुए थे, उसमें हबीबुर्रहमान उनके साथ थे। उन्होंने भी यही बताया कि ताईपई के सैनिक अस्पताल में उनका देहांत हुआ। 20 अगस्त को पूरे सैनिक सम्मान के साथ उनका अंतिम संस्कार किया गया। उनके पावन अस्थिशेष को वे टोकियो लाए। जहाँ उसे रणकोजी बौद्ध मंदिर में रखवा दिया गया। मृत्यु-पूर्व उनका अंतिम संदेश था—"देशवासियों से कहना कि भारत की आजादी की लड़ाई जारी रखें। भारत आजाद होगा बहुत शीघ्र ही।"

दूसरी ओर अधिकांश भारतीय जनता इस दुर्घटना में विश्वास नहीं करती है। सुभाषबाबू का मनोबल बहुत ऊँचा था। जापान की हार से वे हारे नहीं थे। उनका विश्वास था कि भारत शीघ्र आजाद होगा। वे देख रहे थे कि अंग्रेजी साम्राज्य का पतन हो रहा है। अमेरिका और रूस महाशक्तियों के रूप में उभरनेवाले हैं। उनका यह दूरदर्शी सूक्ष्म विश्लेषण था, जो सच साबित हुआ। अत: सुभाषबाबू अबकी बार नया मोरचा खोलने रूस की ओर बढ़े। उन्होंने ही अपनी मृत्यु का समाचार प्रसारित करवाया था। 'हिंदुस्तान टाइम्स' में अनुज धर के लेख प्रकाशित होते रहे, जिसके अनुसार नेताजी नेपाल में पढ़ा रहे एक संस्कृत अध्यापक श्री एम.जी. मिश्रा की मदद से 1950 में नेपाल से भारत आए। वे भगवान्जी या गुमनामी बाबा के नाम से जाने जाते थे। मिश्राजी के पौत्र राजकुमार भगवान्जी के हिंदुस्तान में आने के प्रारंभिक दिनों की बातें जानते हैं। उनके बयान मुखर्जी रिपोर्ट में दर्ज हैं। श्री मिश्रा की पुत्रवधू राजकुमार की माता सरस्वती देवी ने 1955 से सुभाषबाबू की सेवा की है। सरस्वती देवी ने यही कहा था कि वे नेताजी थे। मिश्राजी नेताजी (भगवान्जी) के साथ लखनऊ के श्रृंगार-नगर में रहते थे। यहीं राजकुमार मिश्र ने अपनी विधवा माँ के साथ उनके दर्शन किए थे। किराया न दे पाने पर वे गोमती नदी के खँडहर पर स्थित शिवमंदिर

में रहने लगे। लखनऊ से निकलकर वे भारत-नेपाल सीमा पर नीमसर में रहने लगे। दो-तीन महीने धर्मशाला में ठहरे, फिर एक मंदिर में आश्रय लिया। यहीं अतुल सेन ने 1962 में नेताजी को पहचाना। उन्होंने कलकत्ता जाकर यह बात डॉ पवित्रमोहन राय व प्रसिद्ध इतिहासविद् डॉ. आर.सी. मजूमदार को बताई। डॉ. पवित्रमोहन राय ने नेताजी के आदेश से कोहिमा पर आजाद हिंद के आक्रमण की तैयारी के लिए पनडुब्बी से यात्रा की थी। पकड़े जाने पर उन्हें फाँसी की सजा सुनाई गई थी।

डॉ. पवित्र राय ने लीला राय को भगवान्जी के सुभाष होने की बात बताई। लीला राय तुरंत वहाँ पहुँचीं तो सुभाषबाबू ने उन लोगों से कहा, 'मेरा बाहर आना न देश के हित में है और न मेरे।' इसके बाद लीला राय 1970 तक उनकी सहायक रहीं। मृत्यु के पूर्व उन्होंने नेताजी के मित्र दिलीप राय को नेताजी के भारत में रहने व जीवित होने की बात बताई। लीला राय आजाद हिंद फौज में बड़ी अफसर थीं। 18 जुलाई, 1964 को भगवान्जी फैजाबाद में आकर दर्शननगर के शंकर-निवास में रहे। सन् '65 में अयोध्या की लालकोठी में आ गए, फिर पुरानी कोठी में रहने लगे। यहाँ दुर्गाप्रसाद पांडे ने उन्हें नेताजी के रूप में पहचाना। आठ साल के अयोध्या निवास में लगातार आवास बदलते रहे। 1975 में लखनऊ हट्टा में भी रहे। 75-76 में ब्रह्मकुंड में आए, जहाँ डॉ. टी. बैनर्जी, डॉ. राय व डॉ. आर.पी. मिश्रा उनसे मिले। 1971 में वे छोटी देवकाली व लखनऊ मंदिर में रहे। 1983 में वे फैजाबाद में गुरुवचनसिंह के घर में रहे। वहीं पर 16 सितंबर, 1985 को नौ बजे हृदयगति रुक जाने से उनका देहांत हुआ। 17 और 18 को डॉ. मिश्रा के परिवार व सरस्वती देवी ने कलकत्ते से उनके भक्तों के आने का इंतजार किया। फिर 18 सितंबर की रात को सरयू नदी के किनारे गुप्तार घाट पर अंतिम संस्कार किया। चिता जली तो बूँदाबाँदी हो रही थी। उस समय केवल 13 लोग वहाँ थे। उनका शव दो दिन तक तिरंगे में लपेटकर रखा गया। जब चिता जली, तो एक व्यक्ति बोला—इस समय 13 लाख लोग होने चाहिए थे। फैजाबाद के बंगाली अभी भी 23 जनवरी को उनकी समाधि पर फूल चढ़ाते हैं।

भगवान्जी की मृत्यु के उपरांत उत्तर प्रदेश हाईकोर्ट के आदेश पर उनका सामान सील करके फैजाबाद ट्रेजरी में रखा गया है। उनके सामान में दुर्लभ दस्तावेज, बोस परिवार से संबंधित वस्तुएँ व फोटो थे। 22 सितंबर, 2001 को मनोजकुमार मुखर्जी कमीशन ने उस सील को हस्ताक्षर व डी.एन.ए. नमूने के लिए तुड़वाया था। हिंदुस्तान टाइम्स ने हस्ताक्षर विशेषज्ञ बी. लाल को नियुक्त किया, जिन्होंने पाया कि हस्ताक्षर मिलते हैं। हिंदुस्तान टाइम्स की खोजों के अनुसार आवाज, देहयष्टि, चेहरा, उम्र, ऊँचाई, दाँतों के बीच का अंतर, अध्ययन की आदतें मिलती थीं। वे एक बंगाली थे। इंग्लिश, हिंदुस्तानी, संस्कृत, जर्मन आदि भाषाएँ जानते थे। वे गोल चश्मा व वैसी ही गोलघड़ी पहनते थे, जैसी कि नेताजी पहनते थे। यह घड़ी सुभाषबाबू को उनके पिता ने भेंट की थी। उनके पास से सुभाषबाबू के माता-पिता के चित्र और एक छाता मिला, कहा जाता है कि वह

उनके पिता का था। उनके अनुयायियों में नेताजी के पुराने साथी आजाद हिंद फौज के गुप्तचार विभाग के सदस्य थे। डॉ. पवित्र मोहन राय, लीला राय, सुनील दास, त्रैलोक्यनाथ चक्रवर्ती आदि नेताजी के विषय में जो कुछ कहा जाता व लिखा जाता था, उस पर नजर रखते थे।

उनके भक्तों ने कहा कि कभी-कभी वे परदे के पीछे कुछ लोगों से बात किया करते थे। वे सैन्य विषयों की जानकारी रखते थे। हिटलर, मुसोलिनी, स्टालिन, महात्मा गांधी, नेहरू, माउंटबेटन के विषय में परिचित व समकक्षों की तरह बात करते थे। विभाजन उन्हें हमेशा उद्विग्न करता था। स्टुटगार्ड (जर्मनी) में अपनी पत्नी से मिलने की बात भी कही थी। 23 जनवरी को डॉ. पवित्रमोहन राय सहित अनेक लोग उनके जन्मदिन की तरह मनाते थे। खोसला समिति का 1971 का मूल समन जो उनके बड़े भाई सुरेश बोस को भेजा गया था, उनके सामान में पाया गया। हिंदुस्तान टाइम्स के सदस्य नेताजी के साथियों से मिले, जिन्हें सुभाषबाबू ने अपने विषय में चुप रहने की शपथ दी थी, उन्होंने भी यही संकेत दिया कि वे सुभाष बोस ही थे। हिंदुस्तान टाइम्स के सदस्य उनके परिवार के सदस्यों से मिले, वे चुप रहे। 1985 में जब लोग पवित्र राय से कलकत्ता में मिले तो उन्होंने कहा, 'यदि मैंने मुँह खोला तो देश में आग लग जाएगी।'

हिंदुस्तान टाइम्स के अनुसार भगवानजी ने चर्चा में कम-से-कम चार बार स्वयं का सुभाष होना स्वीकार किया। चर्चा में उन्होंने साइबेरिया में यातनाएँ सहने की बात कही। रूसी साम्यवाद के प्रति उनका मत अच्छा नहीं था। कहा गया है कि अमेरिकन गुप्तचर को मालूम था कि वे जीवित हैं। सुभाषबाबू डेरिन (मंचूरिया) से रूस पहुँचे थे। वहाँ नजरबंद रहे। अंग्रेज इन्हें बंदी बनाकर भी भारत नहीं लाना चाहते थे। सारा यूरोप उनके नाम से काँपता था। रूस से छूटने के बाद वे चीन के रास्ते मानसरोवर होते हुए भारत में दाखिल हुए थे। जैसा कि कहा जा चुका है कि वे संस्कृत अध्यापक मिश्राजी की मदद से नेपाल के रास्ते सन् 1950 में भारत पहुँचे थे।

यह भी माना जाता है कि सोवियत नजरबंदी में उनकी मृत्यु साइबेरिया में हुई। नेताजी के कोई भाई-बहन विमान दुर्घटना में विश्वास नहीं करते थे। स्वयं श्रीमती एमिली शेंकल बोस भी उनका रूस में होना मानती थीं। वन इंडिया न्यूज के अनुसार अभी-अभी 11 अगस्त, 2011 को 107 वर्षीय निजामुद्दीन नामक व्यक्ति ने जो इस्लामपुरा, बिलारियागंज, जिला आजमगढ़ का निवासी है, ने दावा किया है कि उसने तथाकथित विमान-दुर्घटना के तीन-चार महीने बाद नेताजी को बर्मा और थाईलैंड की सीमा के पास सिंगापुर नदी पर छोड़ा था। वह आजाद हिंद फौज में ड्राइवर था। उसके बाद नेताजी का क्या हुआ, यह उसे नहीं मालूम। श्री एस.वी. स्वामी, जो भूतपूर्व आजाद हिंद फौज का मित्रसंगठन की रिलीफ व रिपेट्रिएशन कौंसिल के सदस्य थे, नेताजी के संपर्क में थे।

नेताजी की मृत्यु के रहस्य की जाँच के लिए चार समितियाँ बनीं—खोसला समिति, शाहनवाज समिति, मुखर्जी समिति व नानावटी समिति। खोसला समिति में नेताजी को जापानी पपेट तक कहा, जो अंग्रेजों ने भी नहीं कहा। 1956 में शाहनवाज की अध्यक्षता में चार सदस्यीय समिति बनी,

शाहनवाज जाँच के लिए जापान गए, किंतु ताईवान से कोई सहायता नहीं ली, क्योंकि देशों में परस्पर राजनयिक संबंध का अभाव था। जस्टिस मनोजकुमार मुखर्जी के नेतृत्व में गठित समिति ने (1999–2005) तक विस्तृत जाँच की। जाँच समिति ताईवान सरकार तक पहुँची। इसके पहले भारत सरकार की ओर से ऐसी कोई कोशिश नहीं की गई थी। ताईवान सरकार ने स्वीकार किया कि 18 अगस्त, 1945 को हमारे यहाँ किसी विमान की दुर्घटना सूचना दर्ज नहीं है। 17 अगस्त से 20 अगस्त तक कोई दुर्घटना नहीं हुई। 8 नवंबर, 2005 को मुखर्जी समिति ने अपना प्रतिवेदन प्रस्तुत किया, जिसके अनुसार नेताजी सुभाषचंद्र की मृत्यु दुर्घटना में नहीं हुई। 17 मई, 2006 को यह प्रतिवेदन संसद् के पटल पर रखा गया। सरकार ने इस प्रतिवेदन को यह कहकर अस्वीकार कर दिया कि इससे हमारे कुछ देशों से संबंध खराब हो सकते हैं। इसे छापने से भी इनकार कर दिया। हबीबुर्रहमान जो बोंकर में उनके साथ थे, उनके अनुसार वे अपने नेता की शपथ से बँधे हुए थे। बहुत संभव है कि नेताजी स्वयं अपनी अगली योजना तक गुमनाम रहना चाहते हों। जैसा कि कहा जा चुका है, उनके रूस में नजरबंद रहने की चर्चाएँ हैं। कहा जाता है कि डॉ. राधाकृष्णन् उनसे मिले थे।

नेताजी को उनके कर्तृत्व के लिए श्रेय देने में हम चूक गए हैं। संसद् भवन में उनकी फोटो भी श्री समर गुहा के प्रयासों से गैर-कांग्रेसी शासन में लग सकी। नेताजी की कुरसी भी थाईलैंड के प्रसिद्ध व्यवसायी श्री ए.टी. आहूजा से प्राप्त हुई थी, जो 7 जुलाई, 1981 को समारोहपूर्वक लालकिले में स्थापित की गई। स्वतंत्रता के पश्चात् ही आजाद हिंद का कोष टोकियो स्थित भारतीय दूतावास के मार्फत पहुँचा। स्वर्णाभूषण राष्ट्रपति भवन के संग्रहालय में रखे गए। नेताजी को मरणोपरांत 'भारत रत्न' सम्मान प्रदान किया जाना था, पर न्यायालय से आदेश हुआ कि उनका मरण निश्चित नहीं है। अत: उन्हें मरणोपरांत भारत रत्न नहीं दिया जा सकता। नेताजी खूब सोच-समझकर ही जोखिमपूर्ण कार्य के लिए प्रवृत्त हुए थे। उनके पूर्व भी क्रांतिकारी ऐसे प्रयास करते रहे हैं, क्योंकि भारत के अंदर ब्रिटिश सरकार उन्हें काले पानी की सजा या मांडले जैसी किसी जेल में रखकर जतीन की तरह वहीं मृत्यु के लिए विवश कर देती थी। उनकी अटूट देशभक्ति व अपनी जनता की दुर्दशा उन्हें अनंतकाल तक अंग्रेजों के हृदय परिवर्तन की राह नहीं देखने देती थी। उन्होंने गांधीजी को रेडियो से संबोधित करते हुए कहा था कि यदि मुझे तनिक भी आशा होती कि विदेशों में सैनिक काररवाई के बिना स्वतंत्रता मिल सकती है, तो मैं कभी हिंदुस्तान से नहीं आता। अंग्रेज चतुर राजनीतिज्ञ हैं, जब वे भी मेरे साहस को नहीं तोड़ सके, तो दूसरी कोई ताकत ऐसा नहीं कर सकती। मैंने कभी कोई ऐसा काम नहीं किया, जिससे मेरे देश के आत्मसम्मान व हित को कोई चोट पहुँचे। मैंने जापान में तब कदम रखा है, जब जापान ने ब्रिटेन और अमरीका के विरुद्ध लड़ाई की घोषणा कर दी।

महात्माजी, मैं आपसे आजाद हिंद सरकार के संबंध में कहना चाहूँगा। आजाद हिंद सरकार

का उद्‌देश्य हिंदुस्तान को अंग्रेजी शासन से मुक्त कराना है। इसके बाद आजाद हिंद सरकार का काम खत्म हो जाएगा। हम अपने प्रयत्नों, कष्ट और बलिदानों का पुरस्कार स्वतंत्रता मानते हैं। हममें से कितने ही लोग इसके बाद राजनीति से अवकाश लेना पसंद करते हैं। हिंदुस्तान की स्वतंत्रता की अंतिम लड़ाई शुरू हो चुकी है। हम आपका आशीर्वाद व मंगलकामना चाहते हैं।

सुभाषचंद्र बोस को गांधीजी की नीतियों से विरोध रहा, फिर भी उन्होंने उन्हें सदैव सम्मान दिया। आजाद हिंद फौज की ब्रिगेड के नाम भी गांधी, नेहरू, बहादुर (बहादुर शाह जफर) रखे। 2 अक्तूबर, 1943 को सिंगापुर के फेरर पार्क में गांधीजी की वर्षगाँठ मनाई। अपने संबोधन भाषण में कहा, गांधीजी मेरे गुरु हैं। हमें मौत की मंजिले पार करते हुए दिल्ली तक पहुँचना है। जिस दिन दिल्ली के लाल किले पर तिरंगा झंडा लहराएगा, उस दिन हम एक मणिजटित सिंहासन पर गांधीजी को बिठाएँगे, पावन गंगाजल से उनसे चरण पखारेंगे और कहेंगे अब आप संसार का नेतृत्व अपने हाथ में लीजिए। मेरे गुरुदेव, अब आपकी अहिंसा की आवश्यकता है। सुभाषचंद्र बोस ने ही सर्वप्रथम उन्हें 'राष्ट्रपिता' कहकर संबोधित किया था।

सुभाषबाबू ने सदैव महात्मा गांधी से समझौते की बात की। यदि गांधीजी कांग्रेस के झंडे तले द्वितीय विश्वयुद्ध में भारतीय सेनाओं के शामिल किए जाने का विरोध करते, तो आजाद हिंद फौज को बल मिलता।

अंग्रेजी साम्राज्य का पतन 1942 में जापान द्वारा मलाया की राजधानी सिंगापुर को जीतकर मलाया (आधुनिक मलेशिया) पर कब्जा करने से ही शुरू हो गया था। जापान ने बर्मा, फिलीपीन आदि से अंग्रेजों का सफाया कर दिया था। जापान ने ही एशिया से अंग्रेजों सहित यूरोपियनों को भगाने की पहल की थी। द्वितीय विश्वयुद्ध के सैनिक बताते हैं कि अंग्रेज जापानियों से लड़ते ही नहीं थे। जापानी सेना को देखते ही भाग खड़े होते थे। गुरखा, सिख, मराठा आदि भारतीय सैनिकों को ही मोरचे पर भेजते थे। यदि द्वितीय विश्वयुद्ध में जापानियों की हार हुई, तो इसका कारण ब्रिटिश-भारतीय सेनाएँ ही थीं। नागासाकी और हिरोशिमा पर अमेरिकी बम प्रहार से जापान को आत्मसमर्पण के लिए बाध्य होना पड़ा था। तब भी एक लाख जापानी सैनिक आत्मसमर्पण के लिए तैयार नहीं थे। आत्मसमर्पण का आघात सहन न कर पाने के कारण फारमोसा के कमांडर रिकिजी एडो ने हाराकिरी कर ली थी। वस्तुत: जापान ने नेताजी और आजाद हिंद फौज को भरपूर सहायता दी थी।

नेताजी का स्वतंत्रता में योगदान किसी भी भारतीय नेता से कम नहीं है, हमारी दृष्टि में तो सर्वोपरि है। भारतीय स्वतंत्रता संग्राम की अग्नि अनेकानेक ज्ञात-अज्ञात बलिदानों से प्रज्वलित हुई थी। 1857 के प्रथम स्वतंत्रता संग्राम के पहले से ही सशस्त्र अभियान शुरू हो चुके थे। ज्ञात-अज्ञात रूप में सर्वस्व बलिदान करनेवालों की सूची बहुत लंबी है। खुदीराम बोस व प्रीतिलता वादेदार जैसे अनेकों सुकोमल पुष्प इस बलिवेदी पर चढ़ गए। शहीद भगतसिंह जैसे नवयुवक अपने सोचे-

समझे बलिदान व परिपक्व समझ से आगे का रास्ता प्रशस्त कर गए। इन हुतात्माओं को लंबा जीवन नहीं मिला। लाला हरदयाल, राजा महेंद्रप्रताप सिंह व रासबिहारी बोस जैसे लोग भी थे, जिन्होंने भारत के बाहर समानांतर सरकार की स्थापना कर विदेशी मदद से आजादी की लड़ाई लड़ी थी। उन्होंने प्रथम व द्वितीय विश्वयुद्धों से लाभ उठाना चाहा था। सुभाषबाबू ने इस कार्य को अंजाम तक पहुँचाया। उनका सारा जीवन अग्निपथ की यात्रा रहा। नेताजी के जीवन में एक क्षण का भी विआम नहीं रहा। उन्होंने शेर की गुफा में घुसकर उसे अपने अनुकूल बनाया। जीवन पर्यंत सिर पर खतरे की तलवार लटकती रही। यह उनका ही चुंबकीय व्यक्तित्व था कि पूर्वी एशिया के प्रवासी भारतीय उनके सम्मोहन में बँधकर अपना जीवन व धन समर्पित करने को तैयार हो गए। स्वतंत्रता के दोनों आंदोलन अहिंसात्मक व सशस्त्र साथ-साथ चलते रहे। स्वयं नेताजी ने अपने भाषणों में बार-बार कहा है कि हम बाहर से आक्रमण को तैयार हैं। आप अंदर से विद्रोह के लिए तैयार रहें। सुभाषचंद्र बोस का संपूर्ण परिवार ही स्वतंत्रता के लिए समर्पित था। बलिदानी सुभाषचंद्र बोस में बचपन से ही अंग्रेजी शासन को भारत से समाप्त करने के संस्कार पड़ गए थे। देश के प्रति उनका प्रेम किशोरवय में की गई रुग्णों की सेवा में दीन-दुखियों के प्रति दया में दिखाई पड़ता है। लंदन लौटने के पश्चात् तो वे मृत्यु-पर्यंत देशसेवा में ही निमग्न रहे। पहले उन्होंने देशबंधु चित्तरंजन दास के अभाव की पूर्ति कर बंगाल को सुयोग्य नेतृत्व दिया। बंगाल की युवा-पीढ़ी के जोश व आग का सदुपयोग किया। युवक-हृदय सम्राट् सुभाषबाबू युवकों के आदर्श थे। उन्होंने इन युवकों का मार्गदर्शन कर उन्हें मातृभूमि के चरणों में समर्पित कर दिया। वस्तुत: उनके व्यक्तित्व का यह सम्मोहन प्रत्येक भारतीय पर था, बल्कि जो भी उनके संपर्क में आया, उनसे प्रभावित हुए बिना नहीं रहा। यूरोप के निर्वासन-काल में अपने गिरते हुए स्वास्थ्य की परवाह न कर उन्होंने यूरोपीय देशों का तूफानी दौरा किया और अंग्रेजों के दुष्प्रचार का विरोध कर उन देशों में भारत के प्रति सहानुभूति व सद्‌भावना उत्पन्न की। यह ऐसा कार्य था, जिसे अनेक राजदूत भी नहीं कर सकते थे। दो वर्षों के जर्मनी प्रवास में आजाद हिंद रेडियो के माध्यम से अंग्रेजी साम्राज्य की नींव हिला दी थी। आजाद हिंद संघ व आजाद हिंद फौज की स्थापना कर अंग्रेजी साम्राज्य का मनोबल क्षीण कर दिया। इसीलिए द्वितीय विश्वयुद्ध की समाप्ति पर विजेता होने पर भी वह भारत की आजादी को नहीं रोक पाया। आजाद हिंद फौज का पुनर्गठन, रानी झाँसी रेजिमेंट व अस्थायी सरकार की स्थापना से दक्षिण-पूर्व एशिया के भारतीयों में आजादी की चेतना के साथ विश्वास भी उत्पन्न हो गया। लड़ाइयों में मिली शुरुआती विजयों ने भी एक ओर भारतीयों का मनोबल बढ़ाया तो दूसरी ओर अंग्रेजों के हौसले पस्त किए। आजाद हिंद रेडियो के माध्यम से भारत की राजनीति को उचित निर्देश दिए। क्रिप्स व वेवल योजना के खोखलेपन को स्पष्ट किया। एक संगठित राष्ट्र के लिए आवश्यक धर्मनिरपेक्षता, समन्वय की भावना, सहिष्णुता, भाईचारा, जागरूकता, उत्कट देशप्रेम, बलिदान-भाव, सभी कुछ आजाद हिंद फौज के माध्यम से नेताजी ने भारत को प्रदान किया।

आजाद हिंद फौज पर जो मुकदमे चले, उससे सारा भारत संगठित हो गया। भारतीय सेनाएँ भी बागी हो गई थीं। उन्होंने अपने अंग्रेज अफसरों की कायरता को जान लिया था। ब्रिटिश भारतीय सेना ने आजाद हिंद फौज के अपने साथियों को बचाने के लिए खुले रूप में चंदे दिए। आजाद हिंद फौज के नायकों पर मुकदमे का नाटक अंग्रेजों के विरोध में ही गया। आजाद हिंद फौज पर चलाए जा रहे मुकदमे के विरोध में कलकत्ता, बंबई, कराची, पटना, इलाहाबाद, बनारस और रावलपिंडी में भयानक दंगे हुए। मेजर जनरल शाहनवाज, कर्नल ढिल्लन व कर्नल सहगल को आजन्म कारावास घोषित होते ही ब्रिटिश फौज के कमांडर इन चीफ जनरल आकिनलेक ने सेना के तीनों विभागों को ब्रिटिश शासन पर आसन्न संकट के गोपनीय संदेश भेजे। कारावास निरस्त कर मुक्ति के आदेश दिए। कुछ अन्य अफसरों के दंड की प्रतिक्रिया स्वरूप बड़े शहरों में भीषण दंगे हुए। सन् 1946 में बंबई में नौ सैनिक विद्रोह हुआ, उसके मूल में आजाद हिंद फौज की प्रेरणा ही थी। स्थल सेना ने नौ सैनिकों पर गोली चलाने के आदेश को अस्वीकार कर दिया। उधर कराची में वायुसेना ने विद्रोह का झंडा बुलंद कर दिया। नेताजी के अभियान का ही यह सुपरिणाम था। स्वाधीन आजाद हिंद सेना पूर्वी एशिया में लड़ रही थी। बंदी बनकर वह दिल्ली आ चुकी थी। अंग्रेज अपनी ही भारतीय सेना से डरे हुए थे। दूसरी ओर यह बंदी सेना भारतीय सेना को वीरता और बलिदान की ही प्रेरणा दे रही थी। अंग्रेजों ने स्वीकार किया कि उनके राज्य का मेरुदंड भारतीय सेना है। उस पर सुभाष बोस का भूत सवार है। आजादी के लिए होनेवाले अधिवेशनों पर उनके व्यक्तित्व की छाया पसरी हुई है।

भारतीयों ने भले ही आजादी का श्रेय नेताजी को नहीं दिया, पर अंग्रेजों ने स्वीकार किया है, आकस्मिक तरीके से भारत छोड़ने का कारण सुभाषचंद्र बोस और उनकी आजाद हिंद फौज है। पराजित व बंदी आजाद हिंद सैनिकों ने ब्रिटिश साम्राज्यवाद को हिलाकर रख दिया था। उसके पूरी तरह गिर जाने से पहले अंग्रेजों ने भागना ही उचित समझा। वे स्वयं भागने की जल्दी में थे। नेताजी के एक आह्वान पर लाखों लोग सर्वस्व त्याग बलिदानी पथ पर अहम भूमिका के भाव से चल पड़े थे, तो अंग्रेजों को तो पलायन करना ही था। चर्चिल ने ब्रिटिश संसद् में स्पष्ट कहा था कि भारतीय सेना अब अंग्रेजों के प्रति वफादार नहीं रही और ब्रिटेन इतनी बड़ी सेना नहीं रख सकता। अन्यथा जो अंग्रेज सन् 1942 में जापान से हार जाने पर भी भारत में होनेवाले 'भारत छोड़ो' आंदोलन से नहीं भागे, उनके भागने का कारण आजाद हिंद सेना ही थी। पर उन्हीं सैनिकों को स्वतंत्र भारत में बलिदान के प्रतिफल में उपहास व वनवास ही मिला। आजाद हिंद फौज में शामिल न होनेवालों को फील्ड मार्शल तक के पद मिले।

नेताजी सुभाष का जीवन तथा उनका योगदान भारतीय स्वतंत्रता के इतिहास का स्वर्णिम एवं उज्ज्वल पक्ष है। वे एक भावुक, संवेदनशील, आशावादी तथा आध्यात्मिक पुरुष थे। इसके साथ ही संकटों में धैर्य धारण करनेवाले, संकटों की परवाह न करनेवाले, अत्यंत बुद्धिमान, अध्ययनशील,

सूक्ष्म के यथार्थदृष्टा, दूरदर्शी, देशप्रेम से लबरेज, कुशल राजनीतिज्ञ एवं दुर्लभ संयोजक थे। वे अपने किसी भी कार्य या योजना में असफल नहीं रहे हैं। उदाहरणार्थ, आजाद हिंद सरकार की स्थापना का उनका कार्य कितना दूरदर्शितापूर्ण था। इसका अनुभव आजाद हिंद फौज की पैरवी करते समय श्री मूलाभाई देसाई के तर्कों में देखा जा सकता है, जिसमें उन्होंने कहा कि इन अधिकारियों ने अंतरराष्ट्रीय अधिनियम के अंतर्गत विधिवत् निर्मित सरकार के अंतर्गत अंग्रेजों के विरुद्ध युद्ध में भाग लिया। यह सरकार नौ देशों से मान्यता प्राप्त थी। इस सरकार के अधिनियमों के अंतर्गत यह नियंत्रित थी और अंतरराष्ट्रीय कानून के अनुसार विदेशी शासन से युद्ध करना पूर्णतया उचित था। सैनिक अदालत ने फिर भी प्रमुख तीन अधिकारियों शाहनवाज खान, प्रेमकुमार सहगल व ढिल्लन पर ब्रिटिश सम्राट् के विरुद्ध युद्ध करने के आरोप में आजीवन देश से निर्वासन का दंड सुनाया, परंतु तत्कालीन परिस्थितियों को देखते हुए वे उन्हें मुक्त करने को बाध्य हुए।

दिल्ली का लाल किला आजाद हिंद फौज के वीरों के लिए अदालत में तब्दील हो गया था। अंग्रेज सरकार जनरल शाहनवाज खान, कर्नल गुरुबख्शसिंह ढिल्लन और कर्नल प्रेमकुमार सहगल को फाँसी के फंदे पर चढ़ाने के लिए न्याय का नाटक कर रही थी। इधर भारतीय जनता इन्हें बचाने के लिए प्राणप्रण से तैयार थी। अंग्रेज सरकार ने इन वीरों का 'जापानियों की भाड़े की सेना' कहकर दुष्प्रचार किया था। जवाहरलाल नेहरू, डॉ. कैलाशनाथ काटजू, श्री भूलाभाई देसाई, श्री अछरूराम विधि-विशेषज्ञों की पहली पंक्ति में थे, जो बचाव पक्ष के वकील थे। सन् 1947 की स्वतंत्रता की परेड में शामिल होकर आजाद हिंद फौज ने नेताजी का सपना पूरा किया था।

किसी कवि ने ठीक ही कहा है—

बूढ़े गांधी का आंदोलन सफल बनाने को,
भावभरे हर मन में युवा सुभाष जरूरी है।

□□□

"Let us create history, let somebody else write it"

आओ, हम तो इतिहास का निर्माण करें, इतिहास लिखने का काम दूसरों के लिए छोड़ दें।

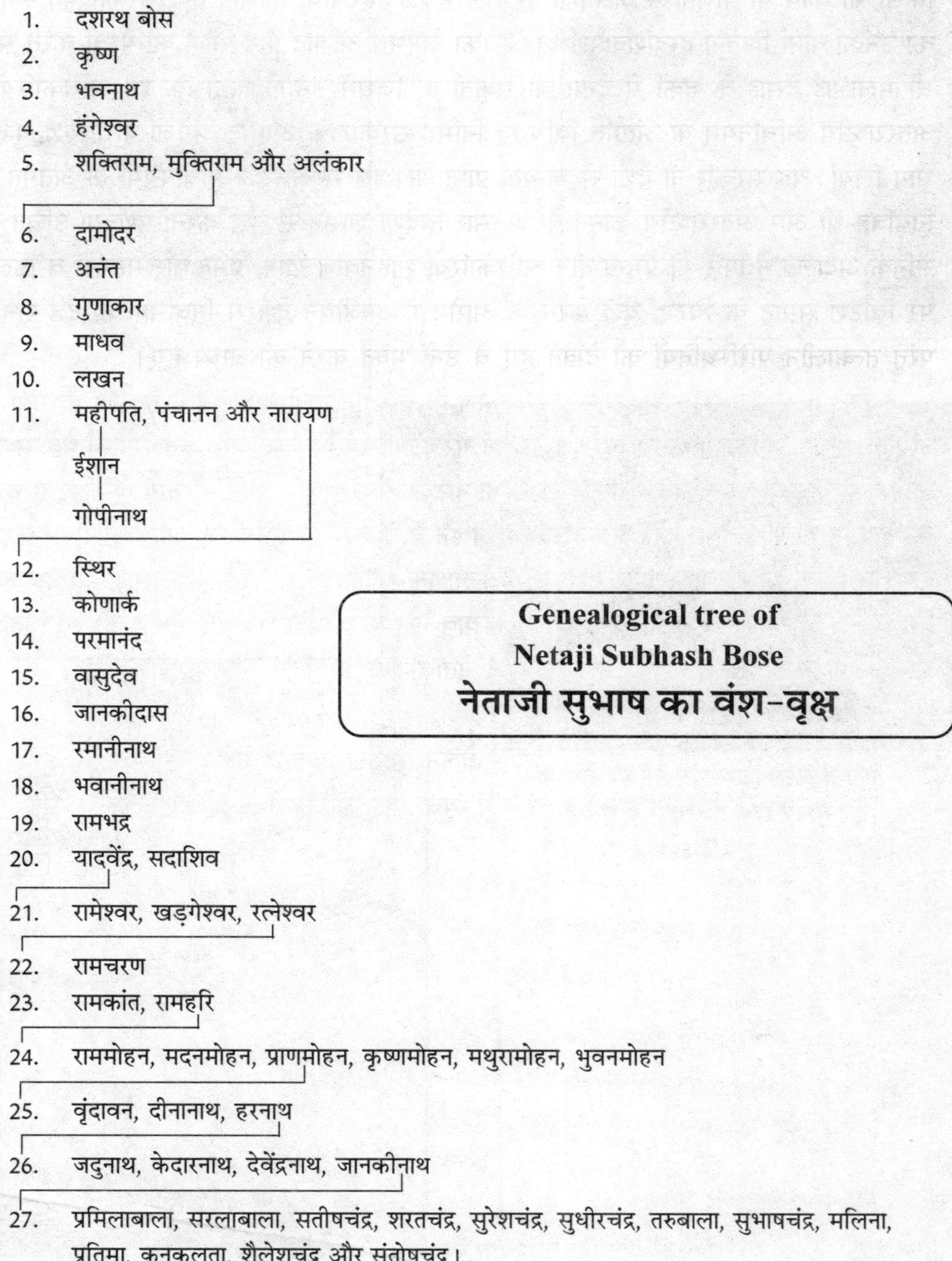

Genealogical tree of Netaji Subhash Bose

नेताजी सुभाष का वंश-वृक्ष

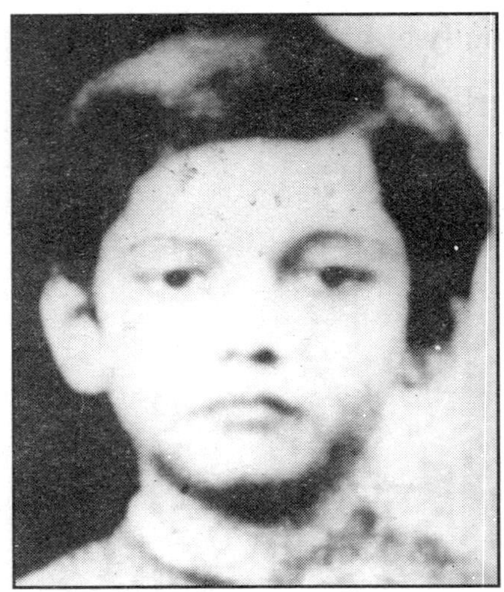

सुभाष बाबू का बचपन

सुभाष बाबू युवावस्था में

पिताजी जानकीनाथ बोस परिवार के साथ—
सुभाष बाबू ठीक दाएँ में खड़े हैं

पिताजी श्री जानकीनाथ बोस एवं
माताजी श्रीमती प्रभावतीजी

पिताजी श्री जानकीनाथ बोस के साथ

युवा सुभाष बाबू कैंब्रिज में

सुभाष बाबू की पत्नी श्रीमती एमिली शैंकल एवं बिटिया अनिता

सुपुत्री अनिता बोस

यू.टी.सी. के कैडेट के रूप में सैनिक शिक्षा हेतु— 1917

इंडियन डिफेंस फोर्स के कैडेट, दाएँ से दूसरे— 1917

इंग्लैंड जाने के पहले— 1919

लंदन में जेन व दिलीप के साथ— 1920

कैंब्रिज में के.पी. चट्टोपाध्याय, दिलीप कुमार राय एवं सी.सी. देसाई के साथ

फोटो— 1927

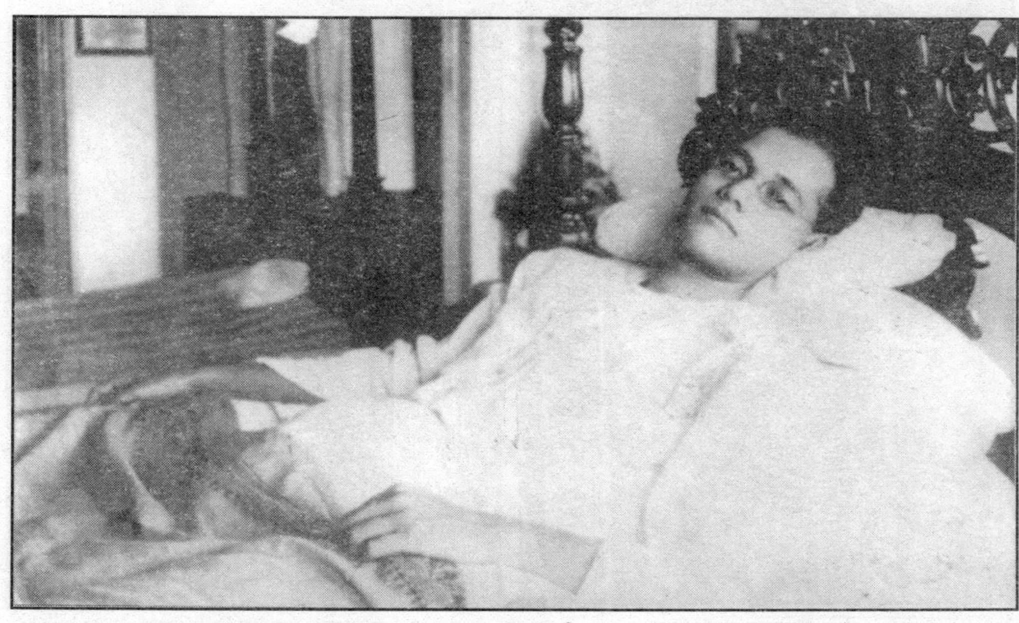

आराम व चिंतन के क्षण

योजना बनाते हुए

आगे की योजना की सोच

भारत कैसे जल्दी स्वतंत्र हो— योजना पर चिंतन

अ.भा. कांग्रेस कमेटी के महासचिव सुभाष बाबू पं. जवाहरलाल नेहरू के साथ— 1927

पिताजी श्री जानकीनाथ, भाई श्री शरतचंद्र बोस एवं भाभी श्रीमती विभावती, शिलाँग— 1927

कांग्रेस वालंटियर कोर के जनरल ऑफिसर कमांडिंग— 1928

कांग्रेस स्वयंसेवी दल के जनरल ऑफिसर कमांडिंग, कलकत्ता— 1928

जनरल ऑफिसर कमांडिंग— 1928

कांग्रेस अध्यक्ष पंडित मोतीलाल नेहरू व कांग्रेस के साथी, कलकत्ता— 1928

कांग्रेस अधिवेशन के दौरान पंडित नेहरूजी से विचार-विमर्श

पं. मोतीलाल नेहरू के साथ परेड निरीक्षण के अवसर पर, कलकत्ता— 1929

कांग्रेस स्वयंसेवकों के साथ— 1929

भव्य स्वागत, फूलों से लाद दिया

बंगाल पॉलिटिकल कॉन्फ्रेंस, बसीरहट— 1929

सी.पी. एंड बरार की प्रथम प्राँविंसियल यूथ कांग्रेस में— नवंबर 1929

पं. नेहरू व कांग्रेस कार्यकर्ताओं के साथ— 1929

कलकत्ता के महापौर— 1930

सभा हेतु बड़े जुलूस के साथ आक्टर लोनी स्मारक की ओर जाते हुए, कलकत्ता— 26 जनवरी, 1931

जुलूस का नेतृत्व करते हुए— 26 जनवरी, 1931

जुलूस पर अंग्रेजी पुलिस का दमन, कलकत्ता—26 जनवरी, 1931

चिंतन में

फूलों से स्वागत

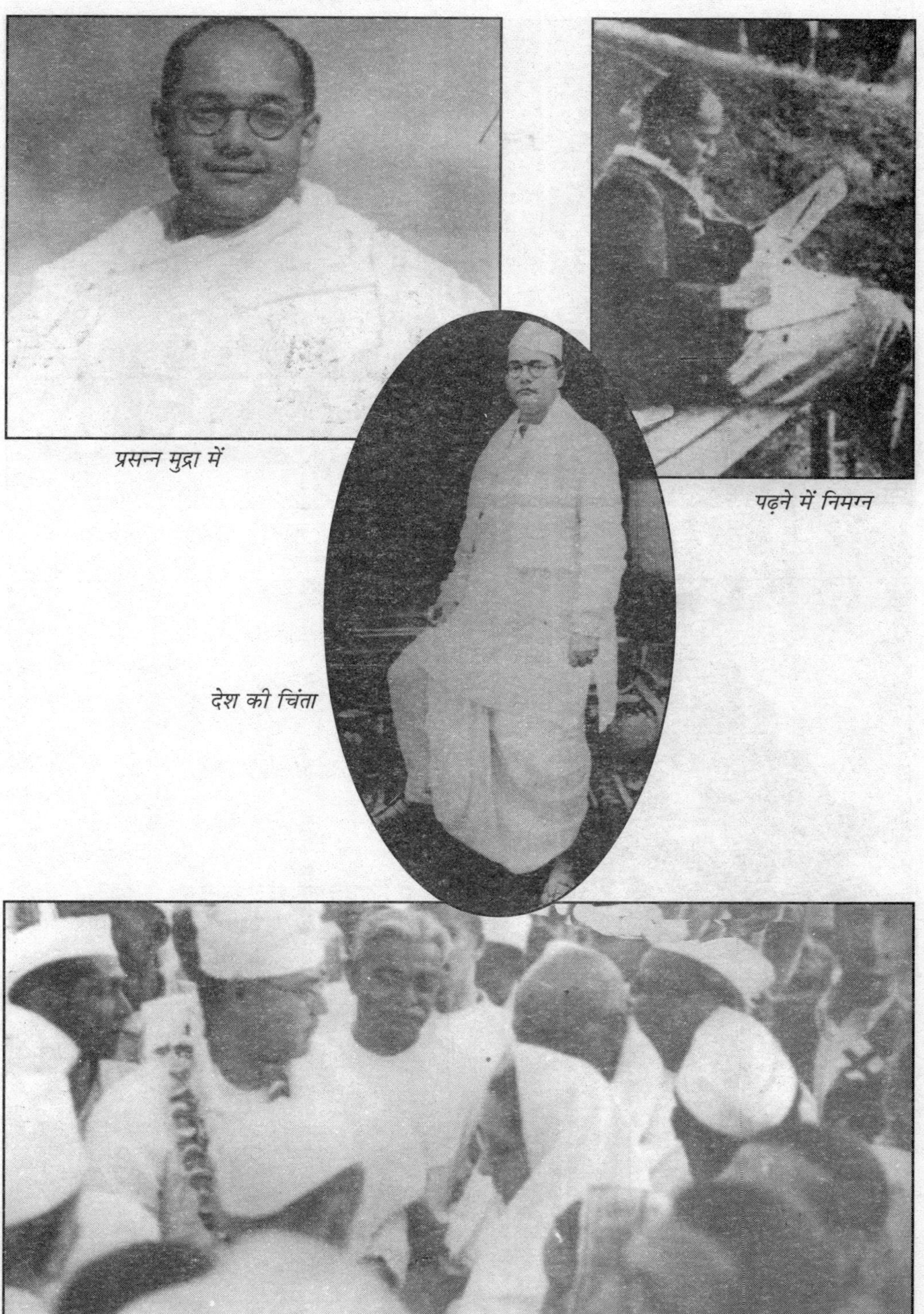

प्रसन्न मुद्रा में

पढ़ने में निमग्न

देश की चिंता

कांग्रेस में लोगों के बीच

इजिप्ट में

श्री विट्ठलभाई पटेल के साथ

बर्लिन में मीटिंग को संबोधित करते हुए— 1933

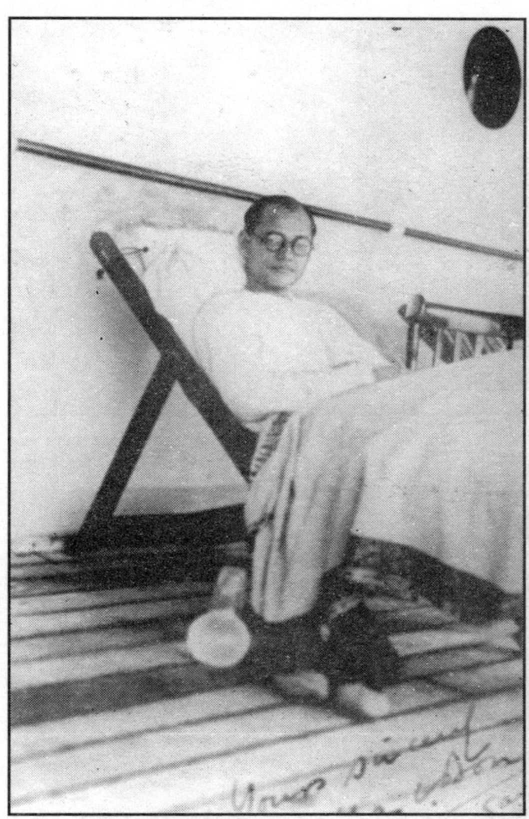

यूरोप जाते समय एस.एस. गेंजेस जहाज में— 1933

जेल कार्ड— 1933

बर्लिन में

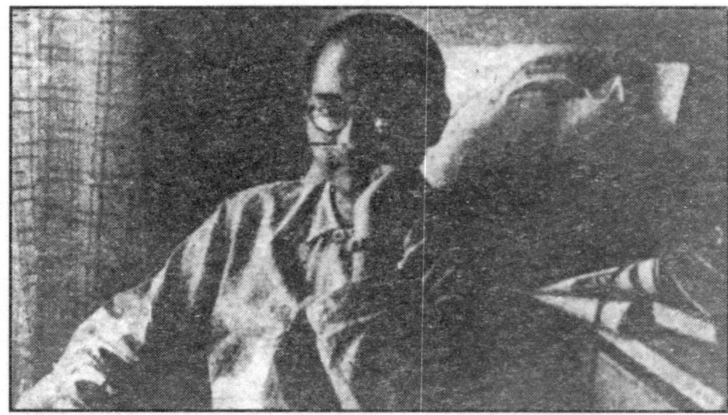

वियना में— 1934

भतीजे श्री अमियानाथ व श्री शिशिर बोस के साथ, कुर्सियांग बर्लिन— जून 1936

श्री एन.जी. स्वामी व अन्य भारतीय विद्यार्थियों से चर्चा, बर्लिन— अप्रैल 1934

यूरोप यात्रा के दौरान

इंडियन नेशनल कांग्रेस की जुबली पर, वियना— 1936

यूरोप प्रस्थान करने से पूर्व— 1937

श्रीमती हेनी फुलोप मिलर के साथ, बैडगैस्टीन (आस्ट्रिया), 1937

अ.भा. कांग्रेस समिति की बैठक के दौरान पं. नेहरू की आगवानी करते हुए, कलकत्ता— अक्तूबर 1937

पं. नेहरू, विजयलक्ष्मी पंडित के साथ ए.आई.सी.सी. मीटिंग हेतु वेलिंग्टन चौक जाते हुए— 1937

विजयलक्ष्मी, पंडित के साथ ध्वजारोहण समारोह में, कलकत्ता— 1937

ध्वजारोहन के अवसर पर

ए.आई.सी.सी. की बैठक—नेताजी, सर्वश्री जवाहरलाल नेहरू, जे.बी. कृपलानी, वल्लभभाई पटेल तथा अच्युत पटवर्धन

कांग्रेस अध्यक्ष, पं. नेहरू श्री सुभाष बोस के निवास पर टेलीग्राम पढ़ते हुए, कलकत्ता— 1937

अमर शहीद सरदार भगतसिंह के घर उनके पिता के पास आभार व्यक्त करते हुए— 1937

सिंगापुर में नेताजी की उपस्थिति में राष्ट्रगीत का गायन

दो सहोदर सुभाषचंद्र बोस और शरतचंद्र बोस

दूरदर्शी

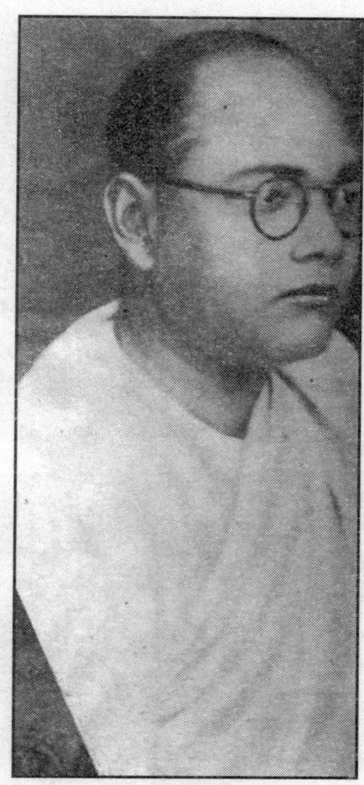

गंभीर चिंतन में

अखबार पढ़ते हुए

स्वतंत्रता आंदोलन के नेताओं के साथ

एक बैठक को संबोधित करते हुए

पंजाब प्रवास के दौरान लाहौर रेलवे स्टेशन पर

आगे बढ़ना है

बंबई के मेयर के साथ

पं. नेहरूजी के साथ मंत्रणा, बंबई

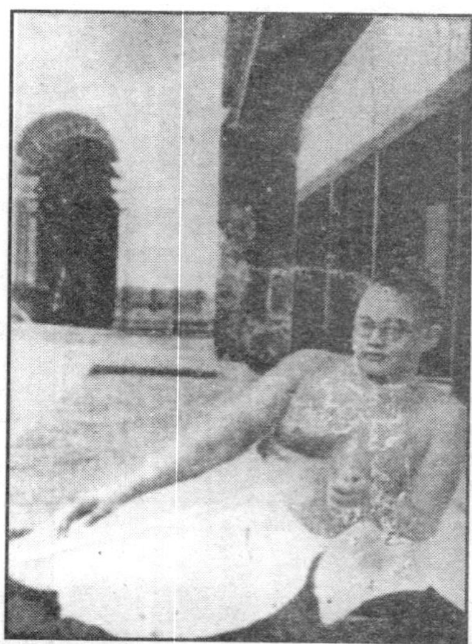

नेताजी सुभाषचंद्र बोस

नेताजी का निवास

नेताजी वर्षा में भी कांग्रेस वर्किंग कमेटी की बैठक में शामिल होने के लिए जाते हुए

नेताजी सुभाष

मानवता की रक्षा हेतु,
स्वयं सूली पर चढ़ गए तुम।
अजेय सूर्य बनकर दुश्मन के,
हृदय फाँस सा गढ़ गए तुम।
शक्ति के तुम प्रखर पुंज,
और मर्यादा के राम।
तुमको मेरा सलाम!

पं. नेहरू, सरोजिनी नायडू आदि के साथ भोजन करते हुए

श्रीमती व श्री नाथूलाल पारेख के साथ

ग्रुप फोटो

स्वास्थ्य लाभ हेतु पंजाब पहुँचने पर डॉ. धर्मवीर व उनकी पत्नी के साथ— 1937

वाडगास्टेन में हिम वर्षा का आनंद— 1938

श्री ए.सी.एन. नांबियर के साथ, वाडगास्टेन— 1938

महात्मा गांधी के साथ विचार-विमर्श व अन्य राष्ट्रीय नेतागण— 1938

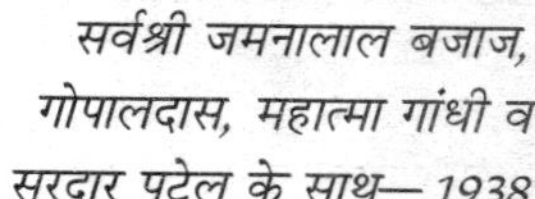

सर्वश्री जमनालाल बजाज, गोपालदास, महात्मा गांधी व सरदार पटेल के साथ— 1938

कांग्रेस वर्किंग कमेटी की मीटिंग के दौरान पं. नेहरूजी व अन्य साथीगण— 1938

सर्वश्री जीवराज मेहता, नेहरूजी, आचार्य कृपलानी, वल्लभभाई पटेल के साथ, हरिपुरा— 1938

ट्रॉपिकल इंश्योरेंस कंपनी के कर्मियों के साथ

लखनऊ पहुँचने पर भव्य स्वागत—20 नवंबर, 1938

कांग्रेस का अध्यक्षीय संबोधन करते हुए, हरिपुरा— 1938

कांग्रेस अधिवेशन को संबोधित करते हुए, हरिपुरा— 1938

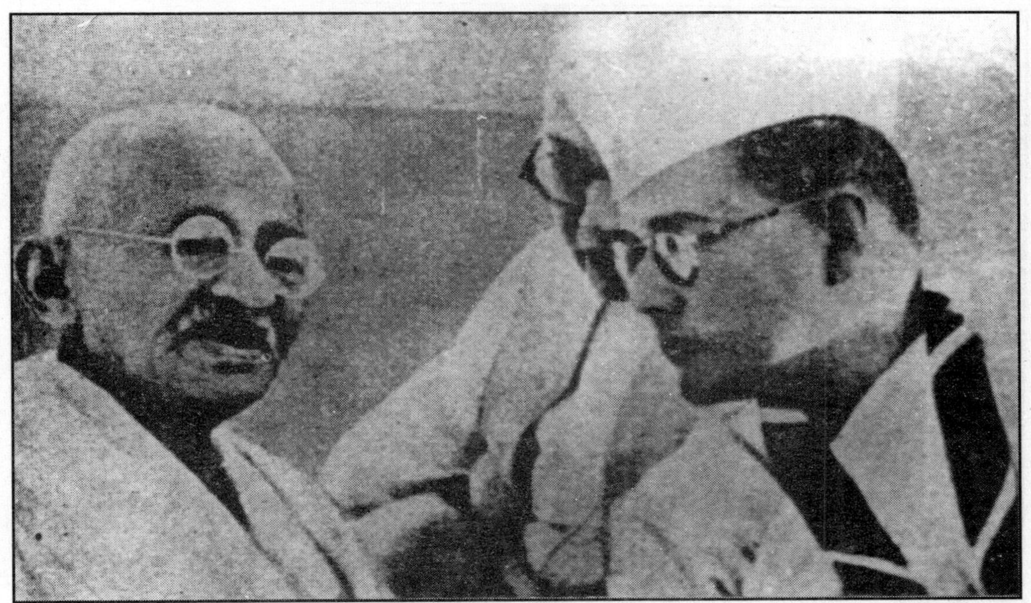

कांग्रेस के मंच पर गांधीजी के साथ मंत्रणा

कांग्रेस पदाधिकारियों के साथ— 1938

इंडस्ट्रियल प्लानिंग समिति की बैठक में संबोधन, बंबई— 1938

श्री जमनालाल बजाज के साथ

बैठक में संबोधन करते हुए

डोरचेसफर हाऊस में पत्रकारों के साथ, लंदन—21 जनवरी, 1938

लंदन से स्वदेश लौटने पर हार्दिक स्वागत—23 जनवरी, 1938

नेताजी विमान से उतरते हुए— 1938

राजकुमारी अमृतकौर व जमनालालजी बजाज के साथ

दिल्ली में कांग्रेस कैबिनेट में शामिल होने के लिए चार्टर्ड प्लेन से रवाना— 1938

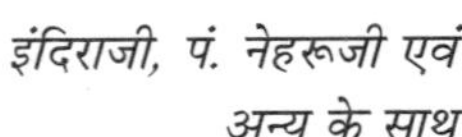

इंदिराजी, पं. नेहरूजी एवं अन्य के साथ

कांग्रेस कार्यकारिणी के सदस्यगण सर्वश्री हरिकृष्ण मेहता, शरतचंद्र बोस, जलरामदास दौलतराम, सीतारामय्या, जवाहरलाल नेहरू, विट्ठलभाई पटेल, अबुल कलाम आजाद के साथ

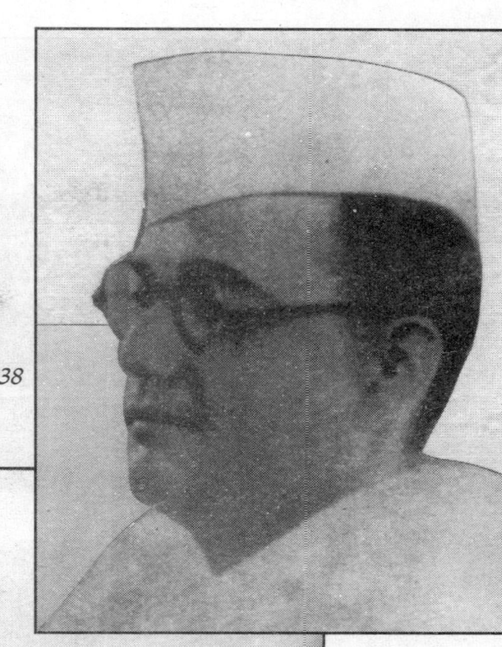

अ.भा. कांग्रेस अध्यक्ष— 1938

हरिपुरा में ध्वजारोहण के अवसर पर— 1938

कार से उतरते हुए, हरिपुरा— 1938

हरिपुरा कांग्रेस के अध्यक्ष का जुलूस— 1938

भव्य जुलूस के संग— 1938

नेताजी सुभाषचंद्र बोस कांग्रेस के अध्यक्ष के रूप,
हरिपुरा— 1938

नेताजी की माताजी

नेताजी हरिपुरा अधिवेशन में

पं. नेहरूजी के साथ

पूना में फारवर्ड ब्लाक के उद्‌घाटन अवसर पर संबोधित करते हुए— 1 जुलाई, 1939

फारवर्ड ब्लाक के अध्यक्ष के रूप में मद्रास में— 1939

गांधीजी से चर्चा के उपरांत पं. नेहरूजी के साथ—
27 अप्रैल, 1939

आचार्य नरेंद्र देवजी के साथ,
वर्धा— 1939

गांधीजी से चर्चा के उपरांत सरोजिनी नायडू, सरदार पटेल, मौ.अ. कलाम आजाद, पं. जवाहरलाल नेहरू के साथ

गांधीजी से चर्चा के दौरान
डॉ. राजेंद्र प्रसाद के साथ

एंटी कंप्रोमाइज कॉन्फ्रेंस में ध्वजारोहण करते हुए— 1939

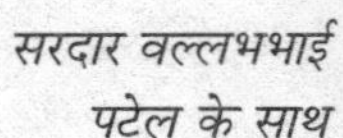

सरदार वल्लभभाई पटेल के साथ

विभिन्न राज्यों से पधारे कांग्रेसियों के साथ

कांग्रेस अध्यक्ष सुभाष बाबू अस्वस्थता के दौरान मीटिंग हेतु तैयार पेपर पढ़ते हुए— 11 मार्च, 1939

भव्य जुलूस

सर्वश्री पं. नेहरूजी, वल्लभभाई पटेल, आचार्य कृपलानी व एस. सत्यमूर्ति के साथ

बंबई में भव्य स्वागत

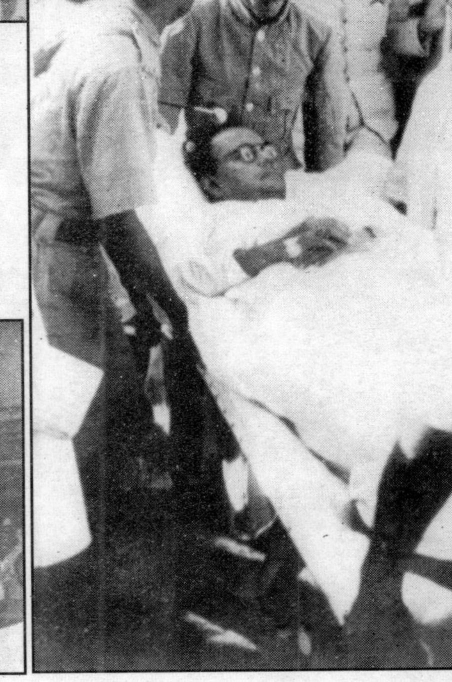

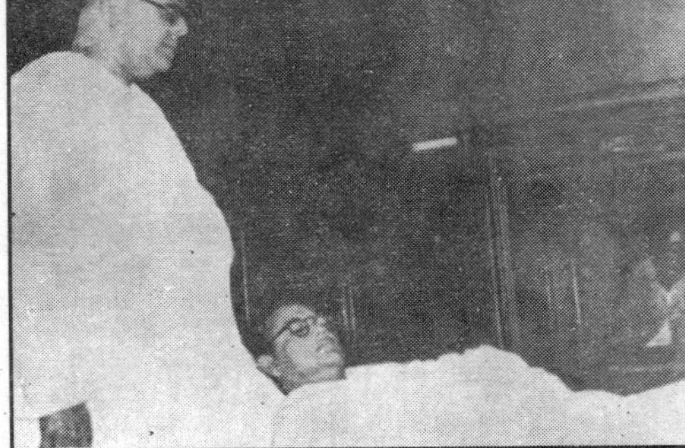

स्ट्रैचर पर त्रिपुरी सत्र को संबोधित करते हुए— 1939

त्रिपुरी कांग्रेस के दौरान बीमार हालत में भाई श्री शरतचंद्र बोस के साथ— 1939

कांग्रेस अधिवेशन के अवसर पर

ए.आई.सी.सी. मीटिंग के दौरान

त्रिपुरा कांग्रेस में सर्वश्री अब्दुल गफ्फार खान, डॉ. राजेंद्र प्रसाद, पं. नेहरू व

कांग्रेस मीटिंग के दौरान उत्तेजित जनसमुदाय के बीच अन्य नेताओं के साथ— 1939

महाजाति सदन के शिलान्यास के अवसर पर श्री रवींद्रनाथ टैगोर का स्वागत करते हुए, कलकत्ता— अगस्त 1939

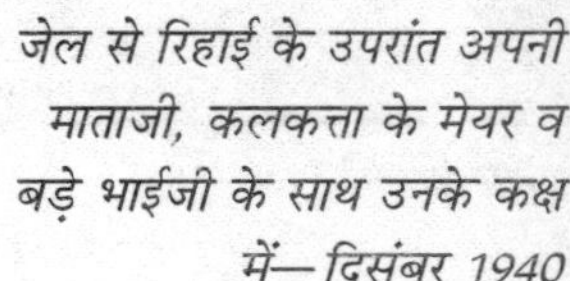

जेल से रिहाई के उपरांत अपनी माताजी, कलकत्ता के मेयर व बड़े भाईजी के साथ उनके कक्ष में— दिसंबर 1940

बर्लिन में— 1941

आराम के समय पढ़ते हुए, कलकत्ता— 1940

हमेशा प्रसन्न

आगे की योजना पर विचार

भारतीय स्वतंत्रता संग्राम के अग्रणी रास बिहारी बोस के मददगार ब्लैक ड्रैगन सोसाइटी ऑफ जापान के नेता मित्सुरो तोयामा के निवास-स्थान पर

वह कार, जिसमें नजरबंदी के दौरान निकलने में सफल रहे, कलकत्ता— 17 जनवरी, 1941

आगे की सोच

जर्मन में एडोल्फ हिटलर से हाथ मिलाते हुए

जर्मन में एडोल्फ हिटलर तथा ही पाल स्चेमिड्ट के साथ

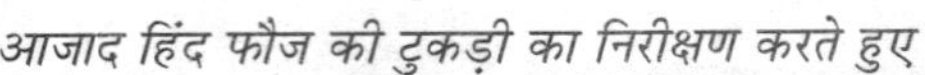

आजाद हिंद फौज की टुकड़ी का निरीक्षण करते हुए

आबिद हसन के साथ जर्मन सबमेरिन में जापान के लिए रवाना हुए— फरवरी 1943

प्रधानमंत्री जनरल तोजो के साथ, टोकियो— जून 1943

आजाद हिंद फौज की यूनिफार्म में

आजाद हिंद फौज के प्रमुख

सिंगापुर रेडियो से संबोधन करते हुए

प्रथम भारतीय सैन्य दल के अधिकारियों के साथ

बर्लिन की एक सभा में

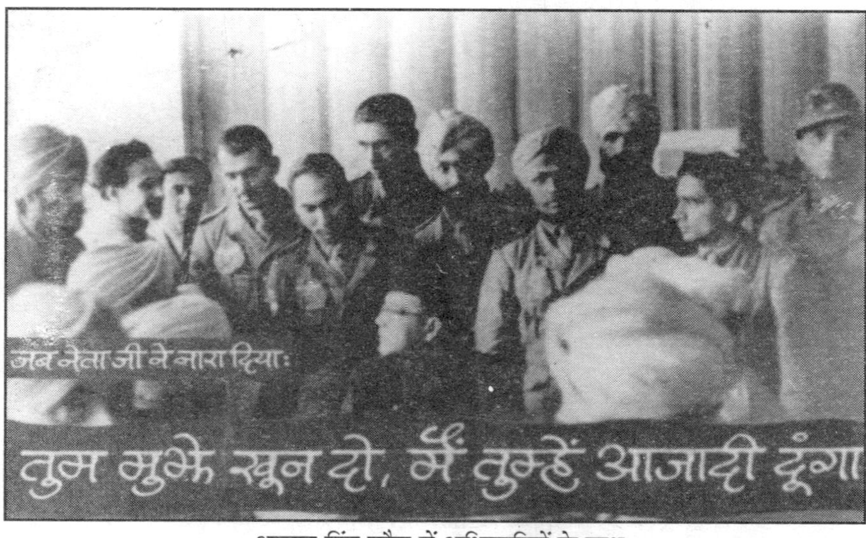

आजाद हिंद फौज में अधिकारियों के साथ

आगे की योजना

जर्मन के किसी जंगल में भारतीय ट्रप्स की कलाबाजियाँ देखते हुए

इंडियन डिप्लोमैटिक कोर के साथ, बर्लिन

फौज के मेकेनाइज्ड यूनिट का निरीक्षण करते हुए

आजाद हिंद फौज के टैंक ट्रूप का निरीक्षण करते हुए

बगीचे में खड़े विचार-मग्न

हस्ताक्षर करते हुए

चीन में सुन यात सेना मेमोरियल जाते हुए

टोकिया में इंपीरियल होटल में लिया गया चित्र

मेजर जनरल भोंसले, मेजर जनरल शाहनबाज व क्रांतिवीर श्री रास बिहारी बोस के साथ— 1943

अंडमान के सैलूलर जेल में— दिसंबर 1943

रोज आयरलैंड में आजाद हिंद फौज व जापान के अधिकारियों के साथ, अंडमान— दिसंबर 1943

नेताजी

Netaji coming out of the Cellular Jails in the Japanese Rear—Admiral and Azad Hind Government officials

Arriving at this Airport—29th December, 1943

अंडमान के सेलुलर जेल का निरीक्षण करते हुए

जहाँ जाते वहीं सम्मान पाते

जापान के विदेश मंत्री मामोरू शिगमित्सु के साथ

आजाद हिंद फौज का निरीक्षण करते हुए— 1943

कर्नल लक्ष्मी के साथ 'झाँसी की रानी रेजीमेंट' का निरीक्षण करते हुए— अक्तूबर 1943

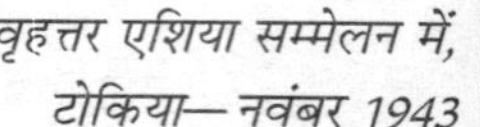

वृहत्तर एशिया सम्मेलन में,
टोकिया— नवंबर 1943

आजाद हिंद प्रॉविजिनल सरकार
के मुखिया के अंडमान आगमन
पर— 29 दिसंबर, 1943

आजाद हिंद फौज के स्वयंसेवकों द्वारा नेताजी को गार्ड ऑफ ऑनर, अंडमान— 1943

आजाद हिंद फौज परेड

आजाद हिंद फौज की सलामी लेते हुए

'बालक दल' के साथ

टोकियो में भारतीय लोगों के साथ

राजनीतिज्ञ, कूटनीतिज्ञ

देश आजाद कैसे हो, एक ही सपना

लेखन में व्यस्त

क्रांतिवीर श्री रास बिहारी बोस के साथ टोकियो से वापसी पर स्वागत— जुलाई 1943

क्रांतिकारी रास बिहारी बोस सुभाषचंद्र बोस को आजाद हिंद संघ का नेतृत्व सौंपते हुए, सिंगापुर— जुलाई 1943

आजाद हिंद फौज की अस्थायी सरकार की घोषणा करते हुए, सिंगापुर— अक्तूबर 1943

नेताजी वियना में

युद्ध में जाने से पूर्व नेताजी आजाद हिंद फौज को जोश के साथ संबोधित करते हुए, टोकियो — 1943

नेताजी लेखन में व्यस्त, कोहिमा— 1943

अंतरिम आजाद सरकार के कैबिनेट के साथ, सिंगापुर— 1943

टाउन हॉल बिल्डिंग के सामने आजाद हिंद फौज परेड का निरीक्षण करते हुए, सिंगापुर— 1943

रंगून पहुँचने पर स्वतंत्र बर्मा देश के प्रधानमंत्री डॉ. बा.मॉ तथा थाकिन नू स्वागत करते हुए— 7 जनवरी, 1944

युद्ध के मैदान में

हर क्षण अपने तरीके से जीते हुए

नेताजी फ्रंट पर

18.3.1944 को आजाद हिंद फौज द्वारा बर्मा की सरहद पार कर हिंदुस्तान की पवित्र भूमि पर तिरंगा फहराने के उपरांत 21.3.1944 को पत्र परिषद् को संबोधित करते हुए नेताजी

23 जनवरी, 1945 को नेताजी के जन्मदिन पर सिंगापुर में भारतीय बहने व माताएँ उल्लास मनाते हुए

सिंगापुर में एक सांस्कृतिक कार्यक्रम में

आजादी के सिपाही

दृढ निश्चय के साथ सैनिक आगे बढ़ते हुए

सुभाष वाहिनी कोहिमा में लड़ते हुए— 1944

इंडो–जापान सैनिक भारत की सरहद को पार करने पर आनंदित होते हुए

Regd. No. B. 1665

The Bombay Chronicle

Refresh Yourself With 'VITATONE' Tonic Wine

Taj

Green's

A.I.C.C. TO MEET IN CITY

PREPARATIONS TO HOLD SESSION IN HAND

Vital Issues Await Decision: Ban Lifted In Orissa

No Statement On India Now

Subhas Bose In Fatal Air Crash

TOKYO REPORTS DEATH IN HOSPITAL

News Received With Shock In India: Tricolour Flown Down At Mahatma's Prayer Meeting: Relief To Br. Govt.

LONDON, August 23. (Reuter): The Japanese News Agency today announced the death of Subhas Chandra Bose.

TOKYO BREAKS TRAGIC NEWS

प्रेस समाचार

दुर्घटनाग्रस्त विमान का मलवा— अगस्त 1945

नेताजी सुभाष चंद्र बोस

दुर्घटनाग्रस्त विमान के अवशेष— अगस्त 1945

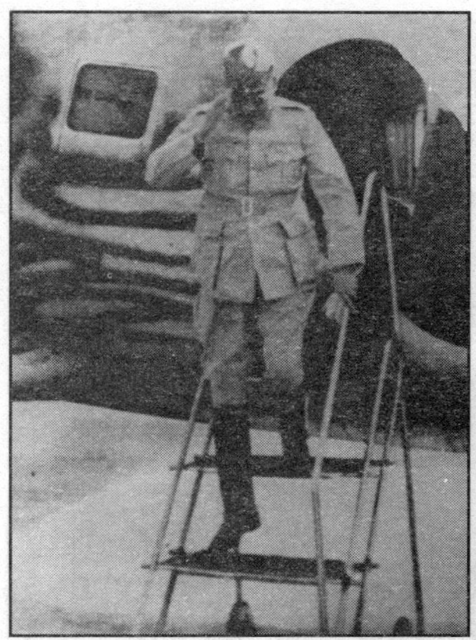

*सैगॉन हवाई अड्डे पर जहाज से उतरते हुए—
17 अगस्त, 1945*

*सिंगापुर में आजाद हिंद फौज के शहीद स्मारक का
शिलान्यास—8 जुलाई, 1945*

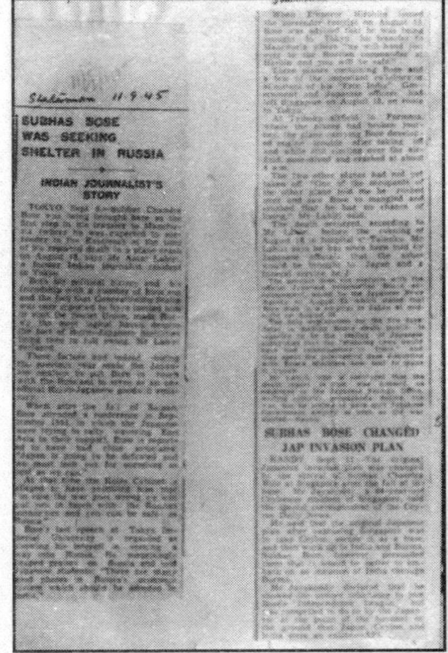

Statesman 11.9.45

SUBHAS BOSE WAS SEEKING SHELTER IN RUSSIA

INDIAN JOURNALIST'S STORY

SUBHAS BOSE CHANGED JAP INVASION PLAN

प्रेस न्यूज

आजाद हिंद फौज के शहीद स्मारक का शिलान्यास

The Hindustan Times

N.A. TRIAL OPENS IN RED FORT

A.'s WOMEN WARRIORS

SHAH NAWAZ

DHILLON

SAHGAL

DEFENCE COUNSEL

RT OF GUN BATTLES IN BATAVIA

ISH WARN ANNAMITES OF REPRISALS

CHARGES OF MURDER AND WAGING WAR AGAINST KING

DEFENCE ASKS FOR THREE WEEKS' ADJOURNMENT

NEW DELHI, Monday.—A trial unprecedented in British

Syria A Potential Trouble Spot In Mid-East

आजाद हिंद फौज पर लालकिले में मुकदमा, समाचार–पत्र

शरतचंद्रजी बोस के साथ गांधीजी नेताजी के शयनकक्ष में— 1946

लालकिले पर आजाद हिंद फौज

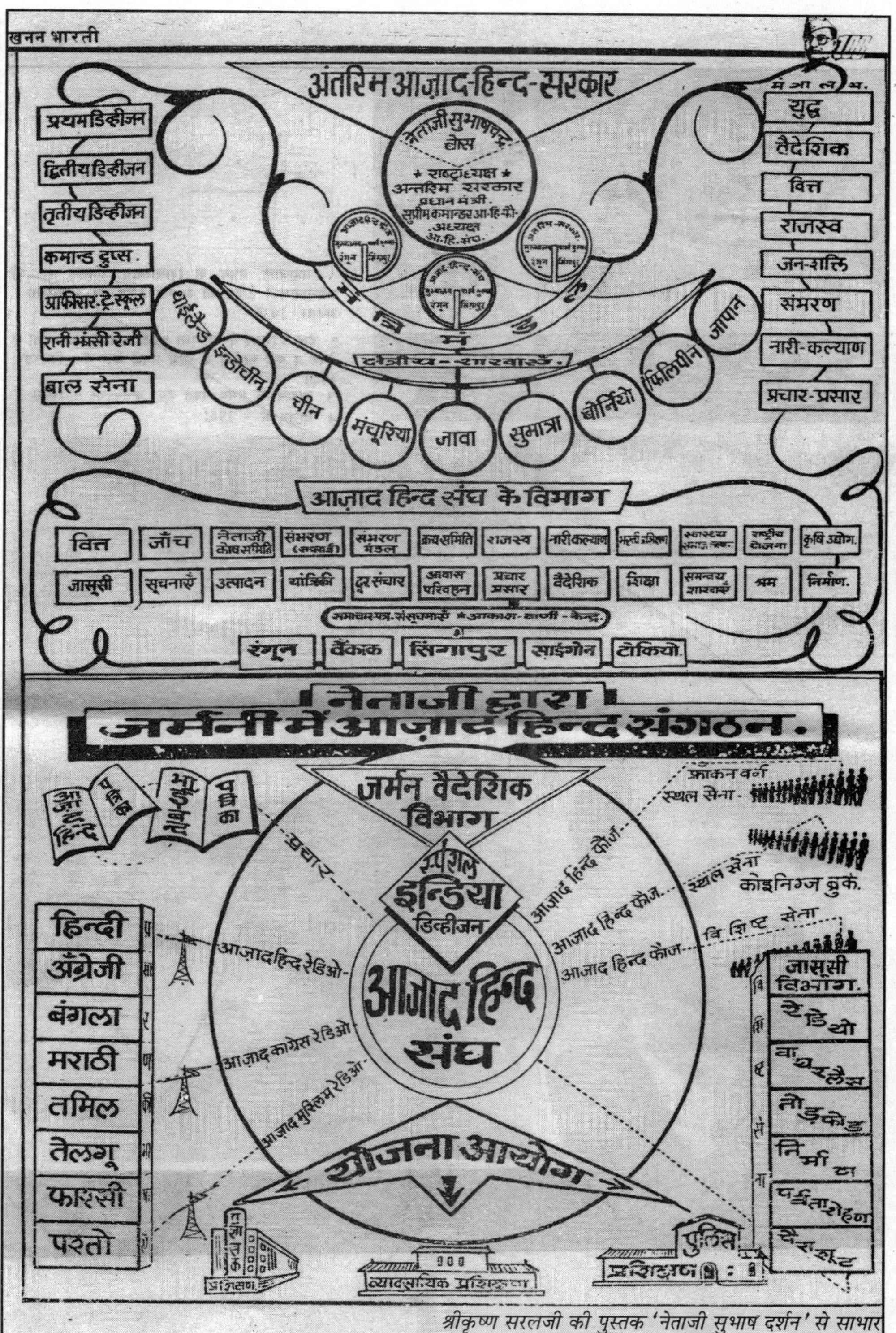

श्रीकृष्ण सरलजी की पुस्तक 'नेताजी सुभाष दर्शन' से साभार

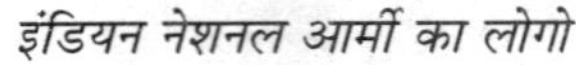
इंडियन नेशनल आर्मी का लोगो

दस हजार रुपए के काल्पनिक नोट में नेताजी, अटूट श्रद्धा के प्रतीक

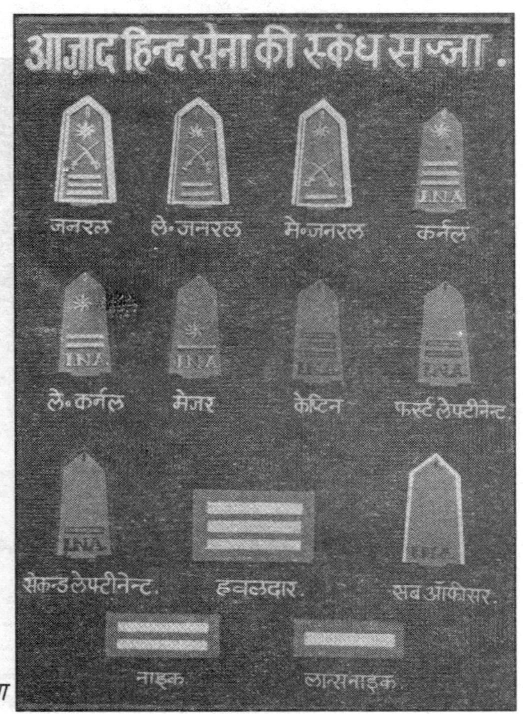

आजाद हिंद फौज की स्कंध-सज्जा

नेताजी का पत्र

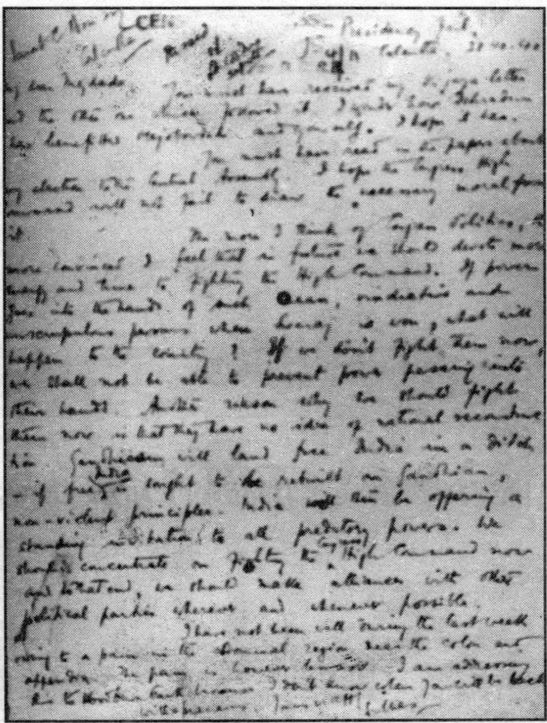

नेताजी का पत्र

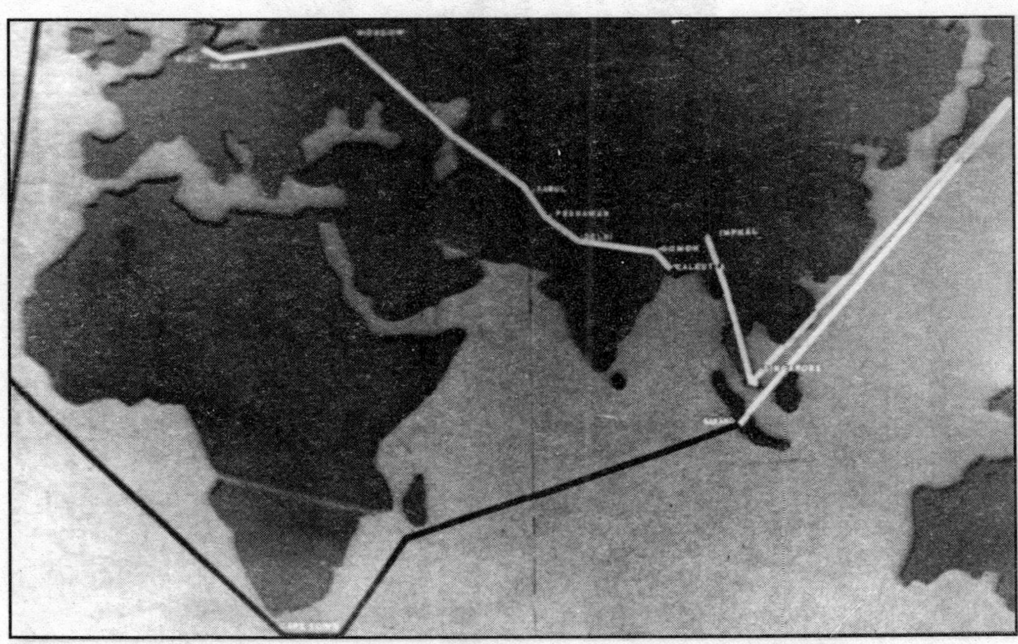

मानचित्र यह दरशाता है कि नेताजी ने दुनिया की कहाँ–कहाँ की यात्राएँ की

जापान का रेंकोजी टेंपल, जापान सरकार ने घोषित किया कि इसी मंदिर में नेताजी की भस्म रखी है

नेताजी का कक्ष, कलकत्ता

नेताजी का ऑफिस

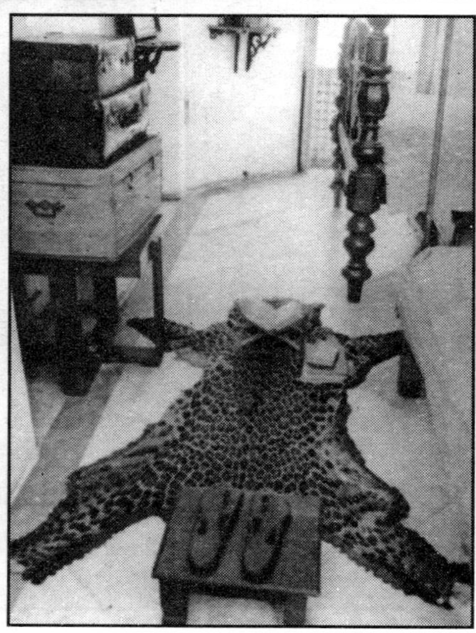

नेताजी का निजी कक्ष

आजाद हिंद फौज के कुछ प्रमुख स्तंभ

मेजर जनरल शाहनवाज खाँ

कर्नल लक्ष्मी

लेफ्टिनेंट कर्नल ए.डी. लोकनाथन

मेजर जनरल एम.जेड. कियानी

मेजर जनरल ए.सी. चटर्जी

कर्नल जी.एस. ढिल्लन

कर्नल आई.जे. कियानी

कर्नल ठाकुरसिंह

कर्नल जी.आर. नागर

लेफ्टिनेंट कर्नल पी.के. सहगल

लेफ्टिनेंट कर्नल महबूब अहमद

लेफ्टिनेंट कर्नल रामसिंह

लेफ्टिनेंट कर्नल रामस्वरूप

लेफ्टिनेंट कर्नल मेहरदास

लेफ्टिनेंट कर्नल पी.एस. रतूड़ी

श्री चंद्रभान यादव

आजाद हिंद फौज के कुछ प्रमुख स्तंभ